U0785066

38

Traditional Chinese Learning | 国学茶座

山东人民出版社 · 济南
国家一级出版社 全国百佳图书出版单位

图书在版编目（CIP）数据

国学茶座．总第38辑 ／ 杜泽逊主编；江曦副主编 .—— 济南：山东人民出版社，2023.7

ISBN 978-7-209-14711-8

Ⅰ．①国…　Ⅱ．①杜…　②江…　Ⅲ．①国学－丛刊　Ⅳ．①Z126-55

中国国家版本馆CIP数据核字(2023)第128855号

出 版 人　胡长青
项目统筹　王海涛
责任编辑　杨子锦

山东出版传媒股份有限公司
山东人民出版社出版发行
网址：http://www.sd-book.com.cn
社址：济南市市中区舜耕路517号　邮编：250003
编辑室电话：0531-82098902　总编室电话：0531-82098914

东营华泰印务有限公司印装
16开本（169毫米×232毫米）11印张　160千字
2024年12月第1版　2024年12月第1次印刷
定价：25.00元
（如有印装质量问题，请与出版社总编室联系调换）

卷首语

国学何为？

邓秉元

明清之际，中国学术迎来又一次新变的契机。一方面，王学的盛极而衰，意味着第二期经学即将瓜熟蒂落；另一方面，西学的传入，则让中西两大知识体系的相遇成为现实。不过，清代的闭关锁国在延缓了文化对抗的同时，也使中国文化失去了自我磨砺的机会，在将近两百年的时间内，中国文化始终徘徊于汉宋学术的既有框架，未能接续顾、黄、王等大儒的脚步，实现真正的更新。

及至晚清，在西力的冲击之下，无论是学者还是政治人物，大都黯然失色：以当时中学的既有格局，与西学分庭抗礼业已很难，遑论以我为主，全面融摄西学。因此，清末的最后几年，朝野之间尽管出发点有别，但不少做法却并无二致：官方在多地设立“存古学堂”，以章太炎为代表的民间学者倡言保存国粹，理性而敏感的学者如王国维，则徘徊在中学的可爱与西学的可信之间，终以身殉。假如“存古”的努力得以成功，那么经学的境遇可能会接近晚近的西洋神学。在哲学与自然科学兴起之后，神学尽管在对自然事物的理解上备受质疑，但作为西方文化的价值之源，依然在新的知识体系内部得以保存。

但经学在近代显然无此幸运。这多少是因为，经学尽管在传统时代也曾为全社会提供“公共信条”（梁启超语），但无疑入世太深，在内圣外王的体用架构之下，经学还支撑着现实的政治意识形态。晚清绝大多数学者似乎难以理解知识体系与意识形态的分野：知识体系代表着对世界的理解方式，而意识形态则是基于某一知识体系的现实诉求。意识形态不能不依托某种知识体系，但同时面对不同知识体系的时候，却是可以独立选择的。在某种意义上，知识体系便意味着某一文化的“语言”。具体语言固然可以被替代，但语言本身却无法被抽离，否则便会造成“失语”的境况。

由于不理解知识体系与意识形态的上述关系，随着清代政治体制被完全否定，在不少人眼中，经学自然成为已陈之刍狗。民国伊始，蔡元培在“以美育代宗教”的口号之下，把经学肢解为文史哲三个学科的研究对象。在这种氛围中，视传统学术为“国糠”或“国糟”者自然受到鼓励，其极端者，甚至把经学与古董、鸦片、辫子、缠足等同视之。钱玄同便在《新青年》发表文字，称经学为“粪学”。20世纪20年代以后，传统学术固然在“国故”等名义下成为知识考古的对象，但许多学者却对“经学”“国学”等概念避之唯恐不及。甚至直到时下，也还存在一种声音，在防止“窄化”的名义之下，把中国文化看成不同族群文化的杂拌冷盘，刻意在概念上消解“国学”，借此否定传统知识体系的存在。应该指出，从知识体系角度理解文化，并不意味反对文明的新变，但几种知识体系在历史上并存的事实，却表明不同文化分别触及了不同层次的宇宙实相，而非单纯的文野之别。

20世纪对传统文化的否定显然并未成功，尽管离经学的复兴尚远，但传统学术却无疑保持了一定的活力。今天，假如不对概念本身吹毛求疵，而是把国学还原为华夏传统曾经看待世界的主要方式，那么“国学”的概念便依然可以在中国文化内部使用。在这个意义上，国学也就是在中西学术觌面相对的时代，对传统知识体系的代称。既然如此，今天讨论国学，是否也应尝试建立几点共识？

第一，在诸多传统中，经学（或六艺之学）无疑是国学的基石。在20世纪，即便不使用国学概念，但诸子学（如道、墨、法）其实依然以各种名目参与意识形态的建构，并未完全退出。遭到蔑弃的，主要还是作为知识体系基石以及价值之源的经学。但也正是因此，中国文化的主体性才无法真正畅达。

第二，国学的内涵与外延在历史上一直处于变化之中。从上古到西汉，国学主要以经子之学为中心；东汉以后，佛教东传，不仅刺激道教崛起，同时也促进原有知识体系重新整合。此时的中土佛教显然不应再被视为异质文化，而是国学的有机成分。近代以来，不少关于国学的探讨，都把佛学的发展排除在外，并非中土学术发展的实相。

第三，国学的开放性，乃是华夏文明生生不息的动力所在。从历史上看，华夏文明发展最为深广的时代，都曾受惠于此前学术发展所带来的活力，战国经子学术之于两汉，中古佛道二家之于隋唐，以及中唐以后经学更新之于两宋，莫不皆然。元明以降，秦政复归，在学术难以自由伸展的背后，其实是族群精神的萎靡。晚明王学的最后振作，终究不敌清代君师合一体制的复归。民国时期有关国民性问题的讨论，其根源便在于此。也正是因此，对国学的反省，理应成为族群发展的动力，而非故步自封的口实。

第四，国学概念本身具有时代性。诚如有些学者早已注意到的，国学概念在近代本来依西学而立。因此，随着20世纪以来对西学融摄的逐渐深入，今天的国学理应不再局限于与西学对立的历史形态，而是在反思自身独特性的基础上，参与人类知识体系的总体构建。只有在这一基础上，华夏文明才能焕发出应有的活力，为人类文明的大同贡献自己的力量。

（作者单位：复旦大学历史系）

目录 国学茶座 总第三十八辑

[目录]

易学浅说（三十七）

王新春

三十六、在天八卦之象与阴阳消息流转的肇端

虞翻诠释经典《周易》所运用的象数体例与学说主要有：基本爻象说，爻位阴阳说，当位、失位说，得应、失应说，乘、顺（承）说，中位说，三才之位说，往来说，爻位吉凶、贵贱说等，这些主要来自《易传》；月体纳甲说，此说主要源自东汉魏伯阳的《周易参同契》，但虞翻就此作了阴阳消息语境下的全新解读，赋予了乾天坤地两仪阴阳消息引动之源的重大意义；卦气消息说，这主要来自五世家传的孟喜一系的易学，而虞翻又据此作了乾阳坤阴消息下贯十二消息卦、下贯五十二杂卦、从而下贯整体六十四卦系列的深化与升华；卦变说，此说源于《易传》的“往来说”和荀爽升降说引衍的卦变思想，经由其乾天坤地阴阳消息成十二消息卦局系列，进而化生六十四卦符示的天人万象的通贯性思考而提出；互体、连互说，一别卦包含内外下上两经卦之象，《易传》每每着眼于一卦本象中的内外下上两经卦之象与别卦之象予以诠释，而将初爻、上爻排除在外，由二至四、三至五三爻交互结合，即可成两个新经卦之象，是谓互体之象，初至四爻、二至五爻、三至上爻四爻接连互体，初至五爻、二至上爻五爻接连互体，则有四爻连互、五爻连互所成新别卦之象，是谓连互之象，互体首见于《左传》，广见于《京氏易传》及郑玄《周易注》，四爻连互始见于郑玄《周易注》，五爻连互则始见于虞翻《周易注》，虞翻是广泛运用

互体、连互说以诠释《易》象之人；旁通说、反象说、两象易（又称上下象易）说、半象说、动之正与成既济定说、权变说以及逸象说，这些学说主要属于虞翻融旧铸新基础上的新说。虞翻这些体例学说本身具有厚重的易学底蕴，共同构成了支撑虞翻易学大厦的支柱。以下将依据这些支柱，展开对虞翻易学思想体系的剖析。这里首先进入我们视野的，是虞翻借助月体纳甲说所诠释的在天八卦之象及其对人置身其中这一世界阴阳消息流转的肇端。

在繁纭复杂的《易》的象世界中，虞翻认为，最具本始意义的，就是由伏羲发现的在天八卦之象。正是此八卦之象，成为《系辞下传》所言“是故《易》者象也，象也者，象也”所指涉的最根本之象，它们肇端了阴阳消息的现实易世界，引动了乾天阳气与坤地阴气的消息与万象的化生，落实了阴阳消息的易道、天道，成为圣人作《易》效法的源头。

《易传》以阴阳诠释古经的两种爻画，以阴阳流转诠释八卦、六十四卦的符号系列，以阴阳贯穿《易》的整个体系，从而令阴阳成了《易》与易学的基点，于是有了《系辞上传》“一阴一阳之谓道”的鲜明论断。《庄子·天下篇》基于此，在论及《诗》《书》《礼》《乐》《易》《春秋》诸经之旨时说：“《易》以道阴阳。”汉代经学精神、经学哲学文化价值系统的奠基人是董仲舒，《春秋》公羊学出身的他，基于《易》开显的阴阳观，在天为人的生命与价值终极之根，“道之大原出于天，天不变道亦不变”（《汉书·董仲舒传》），人道植根于天道，本天道立人道，法天道成王道平天下的经学理念下，将把握天道的切入点定于阴阳，而称“天道之大者在阴阳”（《汉书·董仲舒传》）。从此，阴阳，阴阳大化，与基于此的天人之际问题，成了时人的头等关注点。在此背景下，虞翻认为，“六经之始，莫大阴阳”（《三国志·吴书·虞陆张骆陆吾朱传》裴注引《翻别传》），透过诸经之首的《易》，圣人首要所展现的视域，就是一种阴阳的视域。阴阳是《易》的神髓之所在，是《易》被命名为“易”的最大奥秘所在，彰显着天道的《易》之道，实质就是阴阳之道，阴阳之道就是易道、天道的同义语。因此，阴阳是解开《易》的奥秘，是进入《易》的殿堂，领悟易学与天道奥蕴的密钥。而这一阴阳奥蕴，虞翻认为，首先就是由日月在天所成的八卦之象泄露出来的。

[经]

唐陆德明《经典释文》卷二《周易音义》释“易”称：“此经名也。虞翻注《参同契》云：‘字从日下月。’”

虞翻在诠释《周易》经传之前，先诠释了东汉道人魏伯阳的《周易参同契》，深受其中月体纳甲说的启发，领悟到与黄老、丹道会通为一的《易》的阴阳神髓。

《周易参同契》说：“言不苟造，论不虚生，引验见效，校度神明，推类结字，原理为征。坎戊月精，离己日光，日月为易，刚柔相当。”日月的升降往来引发阴阳的流转，圣人由日下月构字所成的“易”，即旨在昭示《易》之所以名“易”，乃因其神髓在阴阳。许慎《说文》：“《秘书》说曰：‘日月为易，象侌昜也。’”“侌昜”即阴阳。《易纬乾坤凿度》说：“易名有四义，(其一)本日月相衔。”注：“日月往来，古日下有月为易。”表达了类似的见解。这一神髓，虞翻认为，最鲜明的，首先由天借日月之本相与日月升降往来所引发的六种不同圆缺明晦之月相所昭示。日月之本相加其他六种不同月相，即为伏羲所发现的在天的八卦之象。《参同契》称：“三日出为爽，☳震受庚西方。八日☱兑受丁，上弦平如绳。十五☰乾体就，盛满甲东方。……七八道已讫，曲折低下降。十六转受统，☴巽辛见平明。☶艮直于丙南，下弦二十三。☷坤乙三十日，东方丧其明。节尽相禅与，继体复生龙。壬、癸配甲、乙，乾坤括始终。”在此基础上，虞翻借诠释《系辞下传》“是故《易》者象也，象也者，像也”与《系辞上传》“县象著明莫大乎日月”，指明了日月运转所成的八卦之象。他分别说道：

> “易”谓日月，在天成八卦象，“县象著明，莫大日月”是也。
>
> 谓日月县天，成八卦象。三日莫，震象出庚；八日，兑象见丁；十五日，乾象盈甲；十七日旦，巽象退辛；二十三日，艮象消丙；三十日，坤象灭乙。晦夕朔旦，坎象流戊。日中则离，离象就己。戊己土位，象见于中，日月相推，而明生焉，故“县象著明莫大乎日月”者也。

“县”即悬。清儒惠栋《周易述》在疏释虞翻《系辞上传》“县象著明莫大乎日月”之注时，作了很好的诠释：“日月之晦、朔、弦、望，有八卦象，故谓‘日月县天，成八卦象’。三日震象出庚，八日兑象见丁，十五日乾象盈甲，皆在暮也；十七日巽象退辛，二十三日艮象消丙，三十日坤象灭乙，皆在旦也；二十九日、三十日为晦夕，一日为朔旦，昼为日中，故坎象盈戊，离象就己。戊己中央土，故象见于中。”

在此基础上，清儒李道平说：“《说卦》言‘天地定位，山泽通气，雷风相薄’，以三阳三阴至一阳一阴为序，其后乃言‘水火不相射’，盖以六卦寓消息，而以水火为用，即此义也。虞氏本此以说《易》，与经旨适合。其法以震、巽、艮、兑、乾、坤六卦应月候，而坎、离为日月之本体，居中不用。震直生明者，一阳始生，又生明之时，以初昏候之，月见庚方也。兑直上弦者，二阳浸盛，又上弦之时，以初昏候之，月见丁方也。乾直望者，三阳盛满，又望时，以初昏候之，月见甲方也。巽直生魄，则一阴始生，又生魄之时，以平明候之，月见辛方也。艮直下弦，则二阴浸盛，又下弦之时，以平明候之，月见丙方也。坤直晦，则三阴盛满，又晦时，以平明候之，月见乙方也。”（《周易集解纂疏诸家说易凡例》）

《参同契》的这一学说被称为“月体纳甲说”，该说将十天干纳入八经卦，而京房的八宫卦体系则是纳十天干入六十四别卦，二者的共同点为皆纳十天干，此皆因甲居十天干之首、以所纳居首者赅其余而名纳甲。《参同契》纳十天干的依据，则是日月本相与日月运转所形成的六种晦明圆缺不同月相出现的时空场位，因而名月体纳甲。

综合以上陈述与解说，具体而言月体纳甲开示人们：

十天干的时空场位，甲乙东方，丙丁南方，戊己中央，庚辛西方，壬癸北方。十天干的阴阳之别，甲、丙、戊、庚、壬阳，乙、丁、己、辛、癸阴。八卦中，乾、震、坎、艮阳，坤、巽、离、兑阴，阳卦对应阳干，阴卦对应阴干。

每日正午时分，日现其本相于中天，日即鲜活的离象（☲）。中天属于戊己之位，离阴对应己。

晦夕朔旦，即每月最后一日的傍晚至下月初一的早晨，月现其本相于中天，月即鲜活的坎象（☵）。中天属于戊己之位，坎阳对应戊。

每月初三日左右，傍晚日将西落时分，新月之相出现于西方天穹上。月之光明面所示为阳，阴暗面所示为阴。新月开示阳之初息，此即鲜活的震象（☳）。西方属于庚辛之位，震阳对应庚。

初八日左右，日与月运行呈九十度角，日没西方之时，明暗各有一半、西半边亮、其平如绳的上弦月之相出现于南方，月相光明面增大，此即鲜活的兑象（☱）。南方属于丙丁之位，兑阴对应丁。

十五日左右，日与月此升彼落，一东一西，遥遥相望。日将西落时分，圆月之相出现于东方，月相光明面全显，此即鲜活的乾象（☰），通宵照耀，次日晨曦中西落。东方属于甲乙之位，乾阳对应甲。

十六或十七日左右之平明天亮时分，月始有缺之相出现于西方。月相之有缺，开示阴之初息，此即鲜活的巽象（☴）。西方属于庚辛之位，巽阴对应辛。阳息之统绪转化传递为阴息之统绪。

二十三左右日，东方欲晓之际，明暗各有一半、东半边亮、其平如绳的下弦月之相出现于南方，月相阴暗面增大，此即鲜活的艮象（☶）。南方属于丙丁之位，艮阳对应丙。

二十九或三十日，月相全然消失于东方，后又藏于北方，此即鲜活的坤象（☷）。东方属于甲乙之位，北方属于壬癸之位，坤阴对应乙、癸。

晦日，日月相会于北方，新月之相不久即将因之出现，预示着阳将由微而著趋于乾象，北方属于壬癸之位，于是乾象又对应壬，以示阳的由微趋著。所以称“壬、癸配甲、乙，乾、坤括始终”。

在虞翻看来，天即借这八种日月之相显示了八卦之象，即己位的离象，戊位的坎象，庚位的震象，丁位的兑象，甲位的乾象，辛位的巽象，丙位的艮象，乙位的坤象。这就是所谓天八卦或天卦。伏羲即以阴阳爻画的方式，效法之，而将其画出，于是就有了离（☲）、坎（☵）、震（☳）、兑（☱）、乾（☰）、巽（☴）、艮（☶）、坤（☷）。天以月相光明面示阳，以月相阴暗面示阴，以光明、阴暗二面的变化示阴阳的消息：由新月之相而上弦月之相而圆月之相，即由震象（☳）而兑象（☱）而乾象（☰），开示阳息阴消而达阳全显的过程；由始缺之月相而下弦月之相而全晦之月相，即由巽象（☴）而艮象（☶）而坤象（☷），开示阴息阳消而达阴全盛的过程。于是有了以下的月体纳甲图式：

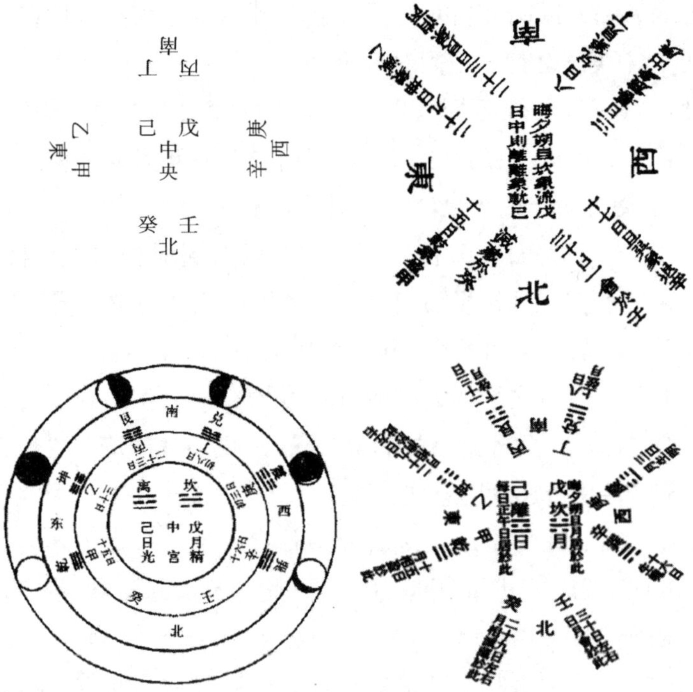

图一　天干时空方位图式与月体纳甲图式

如若单纯考虑八卦之象依次所呈现的阴阳消息之义，则有李道平的纳甲图式如下（《周易集解纂疏诸家说易凡例》）。而将此图式中中央的坎、离二象拉出，易学史上宋代之后陈抟、邵雍命名的“伏羲先天八卦方位图式”即成：

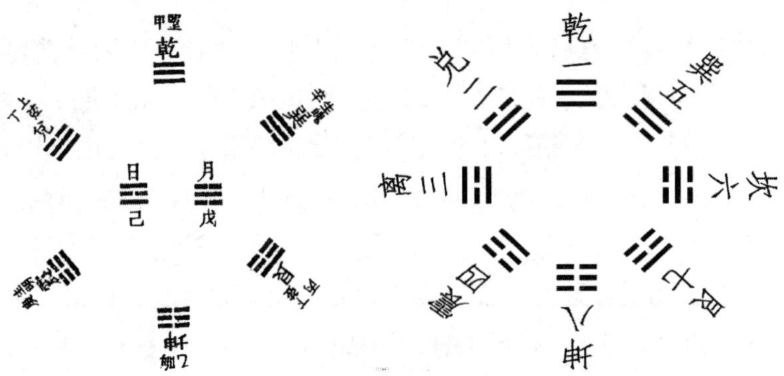

图二　李道平纳甲图与伏羲先天八卦方位图式

在虞翻看来，文王、孔子继之，进一步指出、诠显，日月在天所成八卦之象昭示的，就是阴阳，就是阴阳的对待与消息。进而，八象冰山一角般点示，天下就是一个阴阳的对待消息之场；天下之道，归根结底就是一种阴阳对待消息之道。而圣人所造的“易”字，质而言之，基于日月的往来，含蕴开示的，就是阴阳、阴阳对待消息流转。圣人所作《易》之一书，旨在奠基于日月往来所引发的阴阳对待消息流转，敞开一个阴阳对待变易流转的易世界。于是，天下可谓一阴阳对待消息之易场，天下之道可谓一阴阳对待消息流转之易道。日月的往来，对于这个变易着的世界显出其基础性意义，对于《易》之一经透出其奠基性价值。文王于坤（䷁）、蹇（䷦）两卦卦辞、孔子于这两卦《彖传》所指出、诠显的，首要的就是环绕阴阳消息之道主题的这些内容：

坤卦卦辞云：“西南得朋，东北丧朋。”《彖传》诠释说：“‘西南得朋’，乃与类行；‘东北丧朋’，乃终有庆。”虞翻诠释说：

> 谓阳得其类，月朔至望，从震至乾，与时偕行，故“乃与类行”。阳丧灭坤，坤终复生。谓月三日震象出庚，故“乃终有庆”。此指说易道阴阳消息之大要也。谓阳，月三日变而成震出庚，至月八日，成兑见丁，庚西丁南，故“西南得朋”。谓二阳为朋。故《兑》“君子以朋友讲习”，《文言》云“敬义立而德不孤”，《彖》曰“乃与类行”。二十九日，消乙入坤，灭藏于癸，乙东癸北，故“东北丧朋”。（李鼎祚《周易集解》卷二）

蹇卦卦辞云：“利西南，不利东北。”《彖传》诠释说：“‘利西南’，往得中也。‘不利东北’，其道穷也。……蹇之时用大矣哉！”虞翻诠释道：

> 坎为月，月生西南，故“利西南，往得中”，谓“西南得朋”也。……月消于艮，丧乙灭癸，故“不利东、北，其道穷也”，则“东、北丧朋”矣。……坎月生西、南而终东、北，震象出庚，兑象见丁，乾象盈甲，巽象退辛，艮象消丙，坤象穷乙，丧灭于癸，终则复始，以生万物，故用大矣。（李鼎祚《周易集解》卷八）

月生明而成一阳震象出现于庚西，增明而成二阳兑象出现于丁南，意味着月生西、南，阳在西、南得其朋类。月明盈满而成三阳乾象出现于甲东，阳和其同类随着时间的推移，与时间同步息长而达到极致。月亏明而成一阴巽象出现于辛西，消明而成二阴艮象出现于丙南。最终月明消失于乙东而成三阴坤象，继而隐藏于癸北而仍保持三阴坤象，意味着阳在东、北丧失自己的朋类，阳道陷入穷极终结之境。物极必反，穷极终结之际，离日坎月相会于此壬癸之北，不久震象又会重现于庚西，对于阳而言的吉庆之事发生，继之又会重现兑象、乾象，接下去则是重现巽象、艮象、坤象。如此往复循环，以至无穷。

日复一日，从而月复一月的日月升降往来，直接引发了月相的阴阳对待消息流转，促成了在天的八卦之象，确立了基于八卦之象出现于特定时空之位的日月往来意义上的阴阳对待消息流转八卦易场。八卦之象出现的特定时空之位，就是其各自在此易场中的场位。就此《系辞下传》“八卦成列，象在其中”虞翻诠释说：

> 乾坤列东，艮兑列南，震巽列西，坎离在中。故八卦成列，则象在其中。（李鼎祚《周易集解》卷十五）

乾位甲东，坤位乙东；艮位丙南，兑位丁南；震位庚西，巽位辛西；坎位戊中，离位己中。又，坤象先是出现于乙东，之后出现于癸北，此际正是月末日月相会之时，是以坤位又含癸北，坎位可含壬北，离位可含癸北。

（作者单位：山东大学哲学与社会发展学院）

恒之读诗记（二十）

向 辉

行 露

厌邑行露，岂不夙夜？谓行多露。
谁谓雀无角，何以穿我屋？谁谓女无家，何以速我狱？虽速我狱，室家不足。
谁谓鼠无牙，何以穿我墉？谁谓女无家，何以速我讼？虽速我讼，亦不女从。

【毛诗序】《行露》，召伯听讼也。衰乱之俗微，贞信之教兴，强暴之男不能侵陵贞女也。【郑玄笺】衰乱之俗微，贞信之教兴者，此殷之末世，周之盛德，当文王与纣之时。（《毛诗正义》卷一）

【朱子集传】南国之人遵召伯之教，服文王之化，有以革其前日淫乱之俗。故女子有能以礼自守，而不为强暴所污者，自述己志，作此诗以绝其人。（朱熹《诗集传》卷一）

《行露》篇是《毛诗》第十七篇，《召南》第六篇。按照字面意思理解，《行露》篇应该是一个“秋菊打官司”的故事。但为什么汉代人会在这里谈听讼（法制）和贞信（礼义）呢？行露之讼为什么被孔夫子编纂于《召南》靠前的位置呢？我们又如何理解它呢？

一

在人事的世界里，情与法，共同构成了人文环境。在礼仪的秩序中，情理与法理，共同构成了文化之根。诗歌，通过一种独特的语言表达了历史；历史，通过一种独特的故事传递着人的精神。因此，我们理解诗歌有无数种方法，故事的理解即其中之一。我们先看看汉代大学者刘向编纂的历史故事集《列女传》中的故事。他说：

很久以前，召南的申国有个女子，要嫁到酆国去，双方已经有了婚约。不过，娶亲的那家人还没有把结婚的礼物准备好，大概一时半会儿也凑不齐了，他们就想着能不能先结了婚，以后再办婚礼。酆国人到申国女子家，问她本人的意见。申国女子自然是不同意的。她说：

"结婚是大事，是人伦之始，不能凑合。古人在《易传》中不是说过：'正其本则万物理，失之毫厘差之千里。'要是从一开始将就糊弄过去，以后事事将就，处处凑合糊弄，怎么能过好日子呢？怎么可能有好日子呢？人的生活，人的一生，要有根本的原则，要有点坚守，根本的原则立得住，才可能有好的生活，才可能有好的社会。婚嫁这种事情，那是要传承血脉的，是要继续先祖的，那是要去守护家族的宗庙祭祀的。对于这样重大的事情，要是都没有一种态度的话，其他的事情也就可想而知了。所以，我是不能嫁过去的。"

申国女子的这一通说辞，让酆国迎亲的人无言以对。他们当然不能就此罢休，因为在他们看来，双方早就有了婚约，即便他们酆国人没有把婚礼仪式所需的东西准备齐全，她申国女子也是酆国的女人了。她居然敢于这样直接拒绝，这明显是不把酆国人看在眼里了，是相当无礼的行为。于是，他们就以要申国女子履行婚约为由去打官司。他们主张，明明申国女子有婚约在身，居然敢于拒婚，这是不把大周的律法和王法放在眼里。官员自然也要维护大周的律法，他们把申国女子抓起来，要让她坐牢。申国女子自始至终也不同意这桩婚事，聘礼不周全、礼节不完备，想要她成为酆国男子的夫人，绝无可能。她下定决心不背离节义，宁死不嫁。她唱着歌儿："虽速我狱，室家不足。”夫家对礼仪这样地不看重，把礼当作一个玩笑，只知道用法来治人，这是她绝对不接受的。

君子，也就是像刘向一样的儒者们，当怎么看待这件事情呢？刘向说，这个申国女子是坚持了妇道礼义的，这样的女子，这样的故事，要广为宣传，要通过申国女子的故事让人知道，这个社会里面，有人会坚持礼义，坚持原则，会反抗无礼的要求，即便被所谓的律法处理，也在所不惜。这就是所谓的“虽速我讼，亦不女从。”要是用诗的语言来说的话，这个故事就是这样的：“召南申女，贞一修容。夫礼不备，终不肯从。要以必死，遂至狱讼。作诗明意，后世称颂。”（《列女传补注》卷四《贞顺传》）

刘向讲这个申女的故事时，用的不是《毛诗》，而是《韩诗》，也就是燕国人韩婴传承的《诗经》。韩婴讲《诗经》，讲《易经》，是这两部经典的阐释大师。汉武帝时代，韩婴曾与董仲舒辩论过，董仲舒都论不过他，可见韩婴是一代宗师级的人物。可惜，韩婴的学术，传承至今的，只剩下半部《诗经》，即《韩诗外传》十卷，其他的或许已经被吸纳到其他人的经典阐释之中，完整的已不复存在。今本《韩诗外传》第二章就是《行露》。书中说：“夫《行露》之人许嫁矣，然而未往也。见一物不具，一礼不备，守节贞理，守死不往，君子以为得妇道之宜。故举而传之，扬而歌之，以绝无道之求，防污道之行乎。《诗》曰：‘虽速我讼，亦不尔从。’”（《韩诗外传》卷一）显然，韩婴也与毛公一样，认为《行露》篇和忠贞信守有关。韩婴还特别申明，这首诗其实是君子知道了妇人的故事后写出来的诗篇，是为了表彰申国女子这样的品性。“举而传之，扬而歌之”，是“君子”的职责所在，也就是说，君子应该传播好的故事。

释经学家刘向善于讲故事。每个人都有他们自己的故事，讲故事的人也从来不缺，刘向就是其中之一。他的《列女传》之类的书，是经典的故事读本。这部书中和《行露》篇有关的，除了申国女子的故事之外，还有鲁国女子的故事。话说，鲁国有个叫秋胡子的人，结婚没几天就到王城不远的陈国做官去了。这一去就是五年之久，家里的老母亲就靠着他的妻子奉养。五年后，秋胡子终于请了探亲假，回家了。快到家的路上，他看到有个妇人在采桑叶，秋胡子上去搭讪，说：“今天真热啊，我赶了很远的路，要在桑树下歇一会儿，娘子要不要也来休息一下？”采桑女没理他。秋胡子继续说：“辛苦干活儿，不如赶上好年景；辛苦采桑叶，不如见见大国卿。我是国卿我有钱，夫人过来陪我喝一杯茶，我就给你些钱财，如何？”说着就拿出钱来，摆出一副腰缠万贯的样子。他没想到的是，采桑女子很鄙视地看了看他，并对他说：“我辛苦采桑，勤苦劳作，养蚕织布，养家糊口，奉养家里老人和小孩。我不需要你的钱，我只希望你在外面不要有外遇，我也没有人来骚扰。收起你的钱吧。”秋胡子碰了一鼻子灰，只好灰溜溜地走了。

回到家，秋胡子先见老母亲。他把刚才准备给采桑女的钱拿出来，给了老母亲。老母亲很高兴，赶紧让人叫儿媳妇过来。一见面，秋胡子才发现他的妻子就是刚刚教训过他的采桑女。这下子，秋胡子恨不得找个地洞钻进去了，他尴尬得不知道说什么好了。那妇人说：

“你离开父母去做官，五年没有音信。按理说，能回家一趟不容易，应该紧赶慢赶，直接回家。可你却见了路边娘子就搭讪，还要把钱交给人家，你这是忘了家里还有老母亲要赡养吧。忘了老母亲，是为不孝；好色淫泆，是污行不义。对老母亲不孝，对领导很难忠诚。在家里不义，在做官时也难好。孝和义都没了，哪能有所成就呢？我不愿意见到你再娶，我也不想改嫁。”于是，她出门往东，投水自尽了。(《列女传补注》卷五《节义传》)

这个故事广为流传，南朝宋人颜延之（384—456）还专门写了首咏史诗——《秋胡诗》。诗篇最后说道：“高张生绝弦，声急由调起。自昔枉光尘，结言固终始。如何久为别，百行諐诸己。君子失明义，谁与偕没齿。愧彼《行露》诗，甘之长川汜。”（《文选》卷二十一）贞松劲柏，贞夫烈妇，秋胡子担不起前者，而他的妻子却实实在在地称得起后者。或许，颜延之就是看过刘向的书，或者是他听说过不同版本的秋胡子妻的故事，所以写了首长诗来讲这个历史故事。咏史，也就是讲述历史故事，要把得宜的人和事，以我们所能够做的方式宣扬出去。

显然，不管是韩婴、毛公，还是刘向、颜延之，都认为《行露》篇和“贞信”有关，而现代人认为它和“自由”有关，这则是另外一个问题了。

二

贞信是一个范围极宽的概念，自由也是如此。首先，我们可以采用一种自由的方式来重新理解诗篇，这就所谓的翻译。李长之先生《诗经试译》中说，《行露》篇是坚强的女子不顾迫害，为独立自由而战的故事："路又湿，露水又多，可是难道因为这个，就怕清早出来奔波？//谁说雀没有嘴？没有嘴，怎么会穿了我的屋？谁说你没成家？没成家，怎么会和我打了官司？打了官司，我也不会跟你。//谁说老鼠没有牙？没有牙，我的墙上怎么会穿个洞？谁说你没成过家？没成过家，怎么会闹成诉讼？闹成诉讼，我也不会听从。"

一个有家室的男子强逼着他看上的女子与之成婚，这是要纳妾吗？历史上确有其事吗？对此，我们并不清楚。但可以肯定的是，当《诗经》定型以后，我们来阅读和理解它，一定仍存在着"精神的自由"，这是我们当代人对于历史，对于经典的一种"贞信"。

比如，（1）我们可以自由地认为《行露》并非女性之歌，而是男子的心曲："男以为女无夫家，遂往求之，而陷于法，男报以此词。""家，夫家也。雀鼠窃人食物，为人害者也。致人于狱讼者，耗人家财，故比之于雀鼠。然法必两造，财货皆入，始能成讼，今我家室不足，不能输财货，是终不能成讼也。汝岁欲兴讼而官终不听也。"（闻一多《风诗类钞乙》）闻一多这样说，并非没有经典阐释的依据，虽然毛公、朱子认为是女子所述，但韩婴等人却说写诗之人就是男子。至于男男女女到底说了什么，我们还可以再作进一步的解说。或者，（2）这是古代的情歌，因为有"川东情歌：送郎送到青草坪，扯了青草漫漫行。二回送郎来到此，免得露水打湿裙"为证。（闻一多《诗经通义乙》）或者，（3）这是男子有外遇之后的纠缠之歌。孙望（1912—1990）说："此诗是男子的口吻，这个男子是比较怕事的，大约某一个有夫之妇主动的勾搭这一个男子，男子便跟她发生了恋爱故事，但是结果是因为给她的丈夫发觉了，于是她的丈夫便告到官厅里。"（《诗经臆评》）如此这般的话，不仅仅没有什么贞信可言，更没有什么廉耻可表，有的只是两个无耻之人的无耻之词。这样的解说，不管有道理还是没道理，它总是一种现代自由的表达。

自由表达，在经典阐释方面，往往会被后人视为一种语言的修辞。钱锺书《管锥编》选了五十来篇《毛诗》诗篇来进行读解，《行露》篇也在其中。他就根本不在乎行露之讼，也不介意人们用贞信或其他话语来解释古书。因为在他看来，这一切的解释，都在“打机锋”，也就是一种语言的游戏。人们用这种游戏来表达一种他们对世界的看法，以及他们对于某些问题的思考。如果我们能够领悟这种思考，就可以看到语言的趣味，从而增加智慧。钱锺书说，《五灯会元》里面记载了一个有名的公案，讲的就是“鼠无牙”“雀无角”。这个禅宗故事是这样的：

禅宗中青原系有雪窦显禅师，他的门徒越州天衣义怀禅师有这样的说法：“骷髅常干世界，鼻孔摩触家风。芭蕉闻雷开，葵花随日转。诸仁者，芭蕉闻雷开，还有耳么？葵花随日转，还有眼么？若也会得，西天即是此土。若也不会，七九六十三。”（《五灯会元》卷十六）钱锺书说，义怀和尚问他的弟子，芭蕉没耳朵怎么听到雷声的？葵花没眼睛怎么见太阳的？就和《行露》篇的女子说鸟雀没有触角怎么洞穿房子是一样的。不是就事实来说问题，而是从无到有来引起人的注意，这才是诗：“诗之情味每与敷藻立喻之合乎事理成反比。”〔《管锥编》（一）〕所以，鼠牙雀角就跟龟毛兔角一样，和蕉耳葵眼也没有什么实质上的差异，都属于一种虚拟之词、机锋之语，简而言之皆为修辞。

这样的解释，在古代也有同调。比如戴君恩说：“妙于用反，若正说便索然。”又说：“先鸣其守，为下张本。气象从容，不突不急。下文正意，只虽速我狱二语便了，却反振谁谓雀无角四句，遂觉精神耸动，笔力遒整，乃知文章家唯反则不板，唯反则不死。”（《诗经汇评》）反，自然也是一种机锋，一种情味。

这样的解释，在当代释经学里面也是有市场的。比如程俊英《诗经注析》就引用了钱锺书的这个说法，认为这是用反语来表达一种坚贞、不屈服的情感：“比起直诉其恶，更能显出对方行径的不可容忍和自身愤慨的无法遏抑。”

不过，老鼠是有齿的，雀也是有角的，鼠牙雀角大概率不是“龟毛兔角”。而且，古人所谓的角就是“噣”的本字，鸟嘴就是它的角，前人都知道鸟嘴就是角，但大家没有细致解说："兽角谓之角，鸟喙亦谓之角，鸟喙谓之觜，兽角亦谓之觜，其例一也。""要之，兽角鸟喙，其形其质，并极相似，又同为自卫之器，故古者角之一名，兽角与鸟喙共之。寖假而角字为兽角所专，乃别制形声之嘴字，以当鸟喙之名。"（《古典新义》）按闻一多的考证，《诗经》时期，人们把兽角鸟嘴都称之为角，都是武器。如此一来，"鼠牙雀角"就不是反的机锋，而是其他。实际上，"鼠牙雀角"或者"雀角鼠牙"这个成语，古人是用来指代诉讼的，所以《幼学琼林》说："与人构讼，有鼠牙雀角之争；罪人诉冤，有抢地吁天之惨。"

当我们自由地理解《诗经》时，我们就能够从不同的角度来解释它。把它当作一种语言的游戏，也是自由阐释的题中之义。当然，我们还能换一种说法，比如讨论这位作者到底是什么阶层的人物。像陈子展那样说："愚见，古代奴隶制社会，刑不上大夫，礼不下庶人。此女拒绝强婚，虽速狱速讼，而语调倔强。即令其居卑处贱，当亦属于自由民或士之一阶层。若为奴隶，则惟有如牲畜任人买卖屠杀已耳，尚何讼狱云乎哉？"（《诗经直解》）那么，古代的平民是否不能讼狱？或者说，有没有平民讼狱的故事变成了经典的呢？当然有。

三

人世乃情乃理，无情者不得尽其辞。在婚姻方面，最易见情见理，故而从古至今，我们对于婚姻问题都极为重视，《诗经》也不例外。不论是在经学时刻，还是后经学时刻，不管我们如何去自由地阐释《诗经》所蕴含的意义，我们都需要从见情见理这一方面着手。沈家本《法学名著序》说："乃世之学者，新旧纷拿，各分门户，何哉？夫吾国旧学，自成法系，精微之处，仁至义尽，新学要旨，已在包涵之内，乌可弁髦等视，不复研求。新学往往从旧学推演而出，事变愈多，法理愈密，然大要总不外情理二字。无论旧学、新学，不能舍情理而别为法也，所贵融会而贯通之。保守经常，革除旧弊，旧不俱废，新亦当参，但期推行尽利，正未可持门户之见也。"（《寄簃文存》卷六）如果我们希望通过阅读《诗经》来达到旧学新知的目的，我们就需要融会贯通，也需要有所贞信。

我们讨论《诗经》，或者其他历史的经典，总希望能够在事理、情理和法理等方面予以尽可能多的解释，因为这样的解释不仅有助于我们理解历史，更有助于我们理解世界。问题是，《诗经》时期的那些事实，我们可能完全无从说起，太过久远的故事，或者成为传说，或者成为神话，或者成为不可知。但是，这并不意味着我们不能理解它，因为历史的故事总是在不断地重演着。比如行露之讼，沈家本就在史书中找到了一个极为经典的故事：北宋熙宁元年（1068）的阿云之狱。

这个故事保留在《宋史》卷三百三十的《许遵传》中。许遵是泗州人。他先后通过了进士考试和明法考试，成为专业的司法官吏，在大理寺就任。之后担任长兴县知县。在任知县期间，他处理当地水患很到位，兴修水利，保障民生，深得民心。当地民众甚至专门立了一块大石碑纪念他。之后，许遵又升职，任宿州、登州的主官。在登州任职的时候，执政大臣有意让他回到中央，出任大理寺主官。于是，也就有了阿云之讼（或者是阿云之狱）的故事。

阿云是登州人，她在母亲过世服丧期间被许聘给了一个男子。那个男子长得特丑，阿云很不满意这样的安排。她思前想后，找不到解决办法。越想越生气，有一天她带着一把刀出门，路过她未婚夫家，鬼使神差地看了一眼，发现那人正在睡大觉。她拿着刀，不知道是菜刀还是剪刀，就往男子身上招呼，扎了十几刀，最后把那男子的手指给砍断了，然后夺路而逃。被砍伤的男子，不知道自己得罪了什么人，跑去报了官。

官府查了好久也没查到作案人，他们是听说过男子要娶一个漂亮女子，于是就把阿云带过来传讯。他们怀疑阿云有作案动机，准备对阿云进行讯问。结果，阿云一见到刑具，马上招认了，或者说是自首了。她有没有坦白从宽的自觉，我们不知道。

对于宋代的司法官员来说，这个案子似乎比较好审理，它也就是一个普通的谋杀亲夫案罢了。当时的主审官员，以及大理寺的法官们也是这么看的。他们以谋杀亲夫的罪名来定案，要判阿云绞刑。但是，作为未来的司法之星，许遵把这个案子办成了千古名案。

许遵了解到，阿云家接受受害男子家的彩礼时，阿云正在为她母亲守丧，也就是说，阿云这时候根本不能成婚，所谓的彩礼聘书，这时就不具备婚姻的合法效力。因此，许遵认为，这个案子不能以谋杀亲夫来定罪，而只能用杀人未遂来定性。也就是说，这只能算是普通的刑事案件，而不能算是情节严重需要从重的恶性事件。并且，许遵还指出，阿云是自行招认的，这就是有自首的情节，可以从宽处理。这样，阿云不能被判死刑，更别说是绞刑了。许遵把他的意见提交大理寺讨论，大家都认为许氏之说为谬妄。这件事传得很广，皇帝也知道了。皇帝让翰林学士们组织讨论。司马光不赞同许遵的主张，坚持认为应该按惯例绞死阿云。御史中丞滕甫、侍御史钱顗都认为许遵未必法律原则。但王安石支持许遵。这样，朝中官员们就分成了两派。王安石得到了神宗皇帝的支持，皇帝还下诏说，谋杀成立，自首也成立，当免阿云一死。

就这样，许遵为阿云争得了一条命，也为他自己晋升到大理寺主官铺了路，推翻了铁案，而且有理有据，显示了许遵的专业能力。但许遵的那些同僚们并不高兴，他们弹劾许遵。许遵写报告说，因为自己议论刑法而被弹劾，这不是他个人的耻辱，是国家法律的耻辱。而且，刑部最后的判决有问题，是司法机关自己造成的问题，不应该由普通百姓个人承担，所以阿云应该免去所有的罪名才对。他还表示，刑部废弃皇帝敕书不用，只是引用过去的案例，简单地审问一番就判处死刑，这是堵死被告之人的申辩之路。这样的处理，根本不是疑罪从轻的法治精神。围绕许遵的报告和阿云之狱，熙宁年间的头面人物纷纷出来表态。这下，许遵直接把阿云的案子变成了一个广泛讨论的学术政治课题。

《宋史》中写道，王安石采用许遵的说法，认为如果犯罪者多次被审讯仍拒不承认的话，那就要进一步查究案情了。要是有甲乙两个人一起犯罪，先审问甲的话，那就先只追查甲犯的罪行；要是先审问乙，那就先只追查乙犯的罪行。刑狱，决定于审问的先后，而不是案件的情节，这让那些司法官员感到无所适从，他们也就自然很鄙视许遵了。他们不仅鄙视许遵，更重要的是反对王安石的变法。

阿云之讼的结果是，许遵保了她一命。但据说，若干年之后，司马光出任执政大臣，上台的第一件事就是重审阿云案，阿云最终被判了绞刑。《诗》云：“厌邑行露，岂不夙夜？谓行多露。”前行的道路，往往如此。

四

阿云的这个案子，在乾隆皇帝《御批历代通鉴辑览》卷七十六中也有详细的记载。据该书的说法，司马光、王安石等人为了这个案子争论了一年，也没有讨论出个什么结果来。文彦博、富弼等人支持司马光，神宗皇帝支持王安石。一年之后，定案是出台了谋杀致伤而自首的应予以宽宥的新法。这是神宗皇帝下的诏令。但是大臣们不服，比如侍御史兼判刑部的刘述对这道诏令就不以为然。他觉得这样的诏令是有问题的。他带头，招呼了刘琦、钱顗等人上疏，弹劾王安石，认为王安石是扰乱国家纲纪，要罢黜之。而曾公亮、赵抃等人不反对王安石立新法，也应该罢黜。王安石没有让刘述等人得逞，他本来想把刘述直接关进大牢，司马光和范纯仁等抗辩，就把他贬为江州的知州去了。而刘琦、钱顗等都贬斥到地方去了。同时附议刘述的其他人，也都先后被贬斥了。王安石为了推行新法，要排除一切阻力。他也成了一个极具争议的历史人物。

讲完历史故事之后，乾隆皇帝有一大段评语。他说：

> 妇谋杀夫，悖恶极矣。伤虽未死，而谋则已行，岂可因幸而获生，以逭其杀夫之罪？又岂可以按问即服，遂开以自首之条许？遵率请未减，已为废法，即科以故出而罢之，亦不为过。刘述身为刑官，执之诚是。安石乃袒遵而诋述，且定谋杀首原之令，不特凶妇因曲宥以漏网，非所以饬伦纪，且使奸徒有所恃而轻犯，犹不足以止辟。安石偏执妄行，不复知有明罚。敕法公议而贬逐正人，尤逞其无忌惮之心。小人肆毒，乃至是哉。（《乾隆御批纲鉴》）

乾隆帝不喜欢王安石，也不喜欢所谓的新法。他认为这都是小人之乱。沈家本也不支持王安石和许遵。他认为，如果我们推究阿云的案情的话，虽然纳采是在为母亲服丧期间，固然是不合礼法的，但既然纳了采，即便没有举办婚礼仪式，也是未婚夫妇。没过门的妻子，是未婚妻，这在律法里是承认其合法地位的。不管过门没过门，谋杀亲夫，都是十大恶行之一。当然，按照古义来理解的话，必须要过了门，有了庙见之礼，才算是完成了婚礼，才有真正意义上的夫妻关系。即便如此，阿云就算不是谋杀亲夫，但也造成了谋杀伤害，必须要严厉惩罚才行。当时刑部、大理寺的判决没有什么大的问题。问题是，许遵要推翻审判结果，王安石还支持他，这就令人奇怪了。

沈家本认为案子的关键在于阿云的自首情节是否可以认定。他认为依据《唐律》等律法，她不能算自首，因为阿云是在已经被抓之后才说出来是她故意伤害未婚夫这一情况的，而且所谓自首，还有悔过的意思，这一点在阿云的身上也没有看到。故而，根据律法来说，许遵为阿云争取脱罪的自首情节根本不成立。沈家本评论说："许遵删欲举二字，谓被问即为按问，安石又从而扬其波，将天下无不可原减之狱。鲁莽灭裂，噫，甚矣。"沈家本还全文摘抄了《御批历代通鉴辑览》的乾隆皇帝御批。

《御批历代通鉴辑览》是清乾隆三十二年编纂完成的一部书史书，是一部如今基本上没有什么人读的巨著。可能，沈家本那个时代，也没有多少人看了，所以他要细细地抄录，并且还加上了他本人的一段论述："伏读御批，义正词严，洵为千秋定论。故谨备录于上云。"（《寄簃文存》卷四）不愧是晚清最后一任刑部左侍郎，他还是很忠于本朝的。

这个案子，在后来的学者看来，显然不能按照乾隆皇帝的判词来断。邓广铭《北宋政治改革家王安石》一书中把王安石处理阿云之讼的事件作为他"崇尚法治"的标志事件加以讲述。在邓氏看来，王安石改变了中书不论正刑名的传统，把律法的研究放在了国家政治的重要地位。

五

回到《行露》篇。这一篇，在《毛诗》中接着《甘棠》篇，这就很容易让我们把它和召公联系起来，如果按照《毛诗》的说法，讲一讲召公听讼的故事，倾听一下古代婚姻的诉讼，也是很有意义的事情。至少，可以让我们知道，婚姻家庭除了美好的梦想之外，还有纠葛，陈谷子烂芝麻，还有雀角鼠牙的诉讼，惊心动魄。

召公当年是如何处理这场诉讼案件的？我们不太清楚。但既然写成了诗篇，而且排列在《召南》的前十篇，应该是当年把这样的事情处理好了吧。糜文开、裴普贤说："以原诗度之，大约是召伯听讼地带有力者欲强迫婚姻，女子不从，因遭囚禁，以致涉讼。男方反指女方赖婚，于是召伯亲提女子质询，女子不畏强暴，不受侵凌，侃侃答辩，终获胜诉。故诗人就其答辩口吻，作诗以美之也。至于地名、人名及详细案情，可不必强求。原诗正气磅礴，意志坚决，表达了女子凛然不可侵犯的精神。三个比喻，化强硬的答辩词为一篇完美的动人诗篇。"（《诗经欣赏与研究》）他们认为案子自然是清楚了的。皆大欢喜，这是人心所向。

现代的释经学家们大多认为《行露》篇和召公无关，毕竟诗篇没有明文，他们认为应该从贵族家族之间的矛盾来理解和解释，能打官司的人，大概不会是最底层的那些人，不会是奴隶、农奴。至少，应该像罗密欧和朱丽叶那样，说的是两个家族之间的斗争，个人在家族的斗争中成了牺牲品，这样才有故事性，否则只是一个人一个故事，难以和大家产生共情。

从《诗经》的前面篇章我们可以看到，诗篇中所记载的女性和男性，都是很有特色或者个性的人物，可能不是"下流社会"中的一员吧。下流社会的特征是：低收入、低素质、低热情，和三高完全相反。可以说是对人生的全盘低情趣。〔（日）三浦展《下流社会：一个新社会阶层的出现》〕用《诗经》的话来说，"下流社会"意味着麟之趾是没希望了，凤毛麟角，而且基本上都没啥可能，绝大多数人干的活就是采蘩采蘋。之前还有祭祀的神圣性在，赳赳武夫也能抱有公侯腹心的希望。公侯们没了，赳赳武夫倒是一直有。中间阶层，原来的希望是能让自己或者至少是子孙后代成为麒麟儿，能够挤进更高一点的社会阶层，没想到都遭遇了"折叠"，绝大部分人成为被折叠的对象，看不到希望。在下流社会里，对于传统价值的坚守和向往的，越来越稀有，人们将目光放在眼前的世界，做自己成了最高的追求。根本就不结婚，谈什么诉讼呢。至于什么坚贞之类的说法就成了历史故事了。看看梁山伯与祝英台、罗密欧与朱丽叶，为他们流一把眼泪，然后发个朋友圈，自己接着吃薯片。

中产阶层又如何呢？这些人所具有的品质，不仅仅有热爱生活、热爱工作，也有对于个人自由的追求，也有个人价值的诉求。以前的那些以为有了好工作、有了家产，就能给自己或者孩子娶个好老婆，是不靠谱的。子非良人，何必同舟。如果是保守某种价值的人，才有可能对守贞、抗暴有切身的体会，才会珍惜那些永恒的东西，而不是如某些修辞家一样把《诗经》当作一个古代的遗迹，或者残存的古史。

我们注意到，郑玄在解释《行露》篇时特别强调："物与事，有似是而非者，士师所当审也。"孔颖达说，郑玄的意思是士师有察狱之事，而狱则是核查论证道理的，所以强调士师当审慎地思考和查考，不能被人的言辞所迷惑。（《毛诗正义》卷一）老吏断案，深于鞫谳，面对释经的丛林，也需要有这样的警觉。

故此，行露之讼和阿云之狱，值得我们深思。

末了，乱曰：

行露行多露，猗嗟都无数。众里寻他千百度，却在灯火阑珊处。
行露行多露，古今来相顾。此际思量堪凝伫，清风回首寻归路。

（作者单位：国家图书馆）

从《乐记·魏文侯》看儒家“德音”教化思想

马　澜

据郑玄《礼记目录》记载，《礼记·乐记》共由十一篇文章缀合而成：“盖十一篇合为一篇，谓有《乐本》，有《乐论》，有《乐施》，有《乐言》，有《乐礼》，有《乐情》，有《乐化》，有《乐象》，有《宾牟贾》，有《师乙》，有《魏文侯》。”其中《魏文侯》篇围绕魏文侯与子夏的对话展开，集中讨论了“德音”的由来、演奏方式及其对听者产生的影响。

一、何谓德音

《魏文侯》开篇为魏文侯向子夏请教古乐与新乐之区别：“吾端冕而听古乐，则唯恐卧；听郑卫之音，则不知倦。敢问古乐之如彼何也？新乐之如此何也？”而子夏在论述二者区别后，又进一步说明“今君之所问者乐也，所好者音也。夫乐者，与音相近而不同”，“此之谓德音，德音之谓乐”。即在儒家构建的乐教体系中，只有“古乐”可以被称作“乐”“德音”，而新近流行的郑卫之音只能算作“音”“溺音”。因此，要厘清“德音”的含义，可以先从子夏对“古乐”的描述入手：

> 今夫古乐，进旅退旅。和正以广，弦匏笙簧，会守拊鼓，始奏以文，复乱以武，治乱以相，讯疾以雅。君子于是语，于是道古。修身及家，平均天下。此古乐之发也。（《礼记·乐记·魏文侯》）

[经]

“古乐”，郑玄谓之为“先王之正乐”。从这段文字中，我们可以对古乐有一个综合性的初步了解。“旅”，郑玄训为“俱”，孔颖达训为“众”，但二者都对演奏古乐时众舞者动作整齐划一这一特征加以肯定。“和正以广”，郑注：“无奸声也。”北宋陈旸《乐书》在此基础上，结合《乐记》其他篇章（如《乐记·乐言》“广则容奸，狭则思欲”；《乐记·乐象》“凡奸声感人而逆气应之，逆气成象而淫乐兴焉。正声感人而顺气应之，顺气成象而和乐兴焉”等）进一步阐发：“正声感人而和乐兴焉，奸声感人而淫乐兴焉。其声正而不奸者，以志意广故也。广则容奸，狭则思欲。以广而后和正，虽广而不容奸矣。”即古乐可以起到拓展并端正听者思绪的作用。“弦匏笙簧，会守拊鼓，始奏以文，复乱以武，治乱以相，讯疾以雅。”这一节是对创制古乐所需要的具体乐器及流程的描述，下文对此会有更详细地分析。而古乐的教化作用，就在于君子会在古乐演奏之时讨论“乐之义理”，明修身之道，进而达到家齐国治天下平的儒家理想境界。

子夏认为，魏文侯所问之古乐才是真正的“乐”，而魏文侯喜爱的郑卫之音只能被称为“音”。孔颖达认为“乐”与“音”的不同在于“以古乐德正声和，乃为乐；今乐但淫声音曲而已，不得为乐也”，“乐则德正声和，音则心邪声乱”。孔疏强调的也是古乐正统典雅的特征和儒家赋予它的高度道德意味。接下来，子夏将谈话引入正题，论述德音的内涵以及德音产生的重要性：

> 夫古者，天地顺而四时当，民有德而五谷昌，疾疢不作而无妖祥，此之谓大当。然后圣人作为父子君臣，以为纪纲。纪纲既正，天下大定。天下大定，然后正六律，和五声，弦歌诗颂，此之谓德音，德音之谓乐。《诗》云：“莫其德音，其德克明，克明克类，克长克君。王此大邦，克顺克俾。俾于文王，其德靡悔。既受帝祉，施于孙子。”（《礼记·乐记·魏文侯》）

在回答魏文侯关于“乐”的提问时，子夏引入了“德音”这一概念。古时时和年丰，民无疾疢，万物各得其所，运行有序。圣人在此基础上制定纲纪、平定天下，进而制礼作乐，将《诗》《颂》和弦以歌。这便是德音的由来。清人方苞认为，子夏讲述“德音”的由来，是为了使魏文侯意识到君主抚恤万民须以身作则，以“德”教化百姓才能绵延国祚：“民之无德，由于政教之不行；政教之不行，由于君心之多欲。故文侯问乐，而子夏言五穀之昌、疾疢灾祥之息，皆由于民之有德，使文侯能职思其由，则自知溺音之不可好矣。”（杭世骏《续礼记集说》）随后，子夏举《诗·大雅·皇矣》为证。这段引《诗》正如清人孙希旦所说乃“断章之义”（孙希旦《礼记集解》），本意是在歌颂王季之德。郑玄认为，“俾”当为“比”之误，《诗》原文亦作“比”。王季之德使国家得以长治久安，至于文王，其德尤无所悔，因此能够接受上天福祉并延及子孙后代。尽管诗本意与“德音”无关，但却暗示了身为君主的魏文侯好德的重要性，进而达到劝诫对方崇尚德音的目的。

二、德音的演奏流程

前文子夏已将古乐的演奏流程进行简单概括：“今夫古乐，进旅退旅。和正以广，弦匏笙簧，会守拊鼓，始奏以文，复乱以武，治乱以相，讯疾以雅。”这段文字包含了古乐对乐器和舞容两方面的要求。“舞”这方面，“进旅退旅”形容舞者动作齐一。“和正以广”，王夫之给出了不同于郑玄的解释，他认为这句也是在形容舞容：“‘和’，疾徐得度也；‘正’，不凌杂也；‘广’，不纤曲也。”（王夫之《礼记章句》）

奏乐方面，子夏列举了演奏需要的乐器。“弦匏笙簧，会守拊鼓”，郑玄注：“会，犹合也，皆也。言众皆待击鼓乃作。”又引《周礼·春官·大师》：“大祭祀，帅瞽登歌，令奏击拊，下管播乐器，令奏鼓㮘。”“弦匏笙簧”实际上泛指两类乐器——弦乐器和管乐器。“匏”和“簧”并非特指某一乐器，而是管乐器的组成部分。《尔雅》郭璞注：“列管匏中，施簧管端。”匏，即葫芦，是中国古代制作管乐器的原材料之一，簧则是置于管内用以振动发声的薄片。孙希旦《礼记集解》指出，弦乐与管乐摆放位置有堂上堂下之分：“弦，谓琴瑟，堂上之乐也。笙，堂下之乐也。……守犹待也。大师登歌，先击拊以令之，是堂上之乐必待拊而后作也。下管，先鼓㮘以令之，是堂下之乐必待鼓而后作也。”堂上琴瑟等弦乐需待击“拊”后才能演奏，堂下笙竽等管乐需待击鼓后才能演奏。关于“拊”的乐器属性，郑玄认为“拊”就是“治乱以相”的“相”：“拊者，以韦为表，装之以糠。糠，一名‘相’，因以名焉。”即“拊”或“相”均为一种类似鼓的打击乐器。关于乐器摆放位置问题，《仪礼·燕礼》中即有相关记载，此外《周礼注疏》郑玄引郑众注：“下管，吹管者在堂下。”贾公彦疏：“凡乐，歌者在上，匏竹在下。”由此可知确为弦乐在堂上、管乐在堂下。

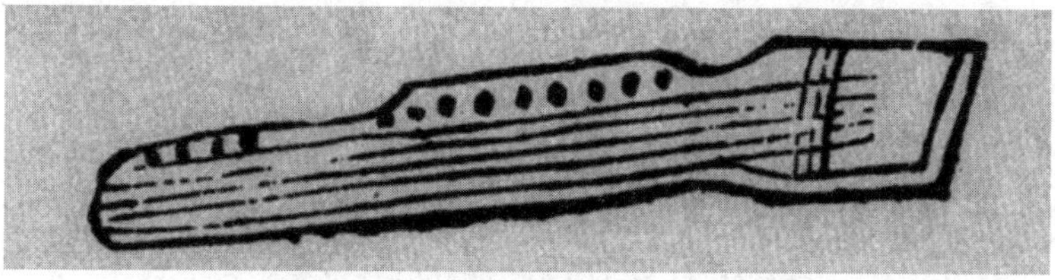

图一　琴（图均自聂崇义《新定三礼图》）

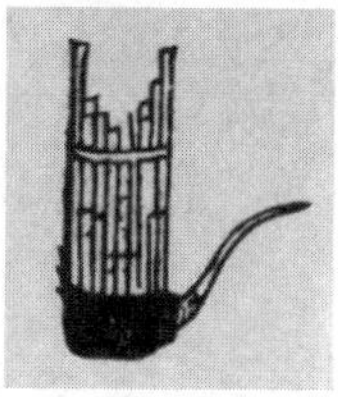

图二　笙

奏乐的具体流程是：“始奏以文，复乱以武，治乱以相，讯疾以雅。”郑玄注：“文，谓鼓也。武，谓金也。”奏乐之前先击鼓，与前文相合。孔颖达疏：“武，谓金铙也。言舞毕，反复乱理欲退之时，击金铙而退。”或谓“乱”为乐之终。北宋陈旸、清人孙希旦等人则认为“文”“武”应释为表示文德或武功的两类曲目：“始奏以文，谓乐始作之时，升歌《清庙》，以明文德也。复乱以武，谓乐终合舞，舞《大武》以象武功也。”可备一说。“相”即是拊，一种打击乐器，用以协调音乐节奏。“治乱”即“治理”，通过敲击相来治理奏乐。“雅”，仍为乐器名。《周礼·春官·笙师》引郑众注：“雅，状如漆筒而弇口，大二围，长五尺六寸，以羊韦鞔之，有两纽疏画。”“讯疾以雅”，意谓舞者步伐快速、急速之时，用雅来调节节奏。

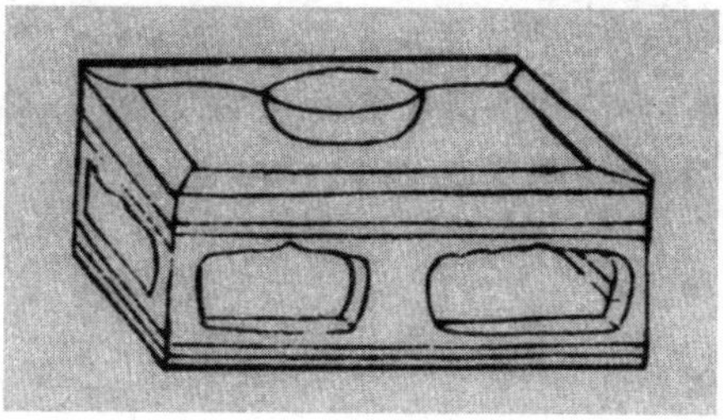

图三　相

图四　雅

在后文中，子夏再次提及演奏德音所需乐器，依旧包含了乐、舞两方面：

为人君者，谨其所好恶而已矣。君好之，则臣为之。上行之，则民从之。《诗》云："诱民孔易。"此之谓也。然后圣人作为鞉、鼓、椌、楬、埙、篪。此六者，德音之音也。然后钟、磬、竽、瑟以和之，干、戚、旄、狄以舞之。此所以祭先王之庙也，所以献酬酳酢也，所以官序贵贱各得其宜也，所以示后世有尊卑长幼之序也。（《礼记·乐记·魏文侯》）

君主教化百姓，只需谨慎对待自己的好恶，百姓自会效仿国君。因此有和敬之德的圣人便制礼作乐，将德音用于祭祀先王、接纳宾客等重要场合，达到分别尊卑、长幼之序，使君臣百姓各得其所的和睦境界。"鞉"，《周礼·春官·小师》郑注："鞉如鼓而小，持其柄摇之，旁耳还自击。""椌、楬"，郑注："谓柷、敔也。""柷"，《周礼·春官·小师》郑众注："柷如漆筒，中有椎。""敔"，孔疏引《诗·有瞽》郑注："敔，状如伏虎，背上有二十四龃龉。"鞉的鼓面由革制成，柷、敔由木制成，这几者的声音都较为单一，缺少变化。"埙"，《周礼·春官·小师》郑注："埙，烧土为之，大如雁卵。""篪"，《尔雅》郭璞注："篪以竹为之，长尺四寸，围三寸。"这六种可以发出德音的乐器具有一共同点，即孔疏所言"其声质素"，声音质朴简单。"然后钟、磬、竽、瑟以和之，干、戚、旄、狄以舞之。"即一套完整的德音演奏，应以质朴乐音为底色，加以其他音色华美的乐器的润色，合以气势雄浑的舞蹈。

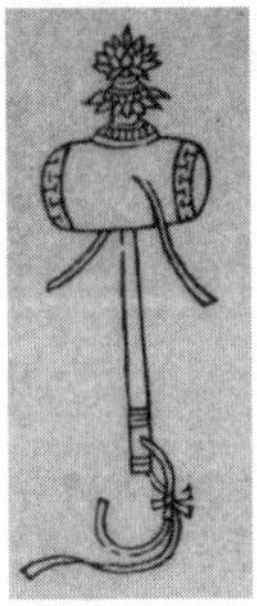

图五　鞉

图六　柷

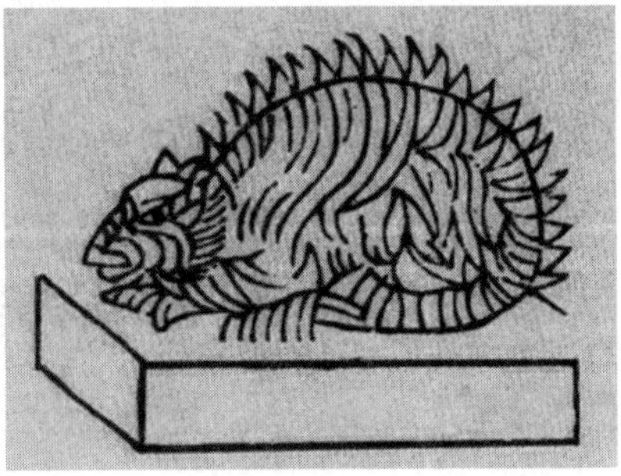

图七　敔

三、声能立事，君子识音

《魏文侯》前文已简单叙述了德音的社会作用：圣人创制德音引导百姓学礼，君主崇尚德音维护礼乐秩序，君子享受德音以明修身之道。此外，《魏文侯》还从乐声特点出发，分析德音具体是如何发挥作用的：

> 钟声铿，铿以立号，号以立横，横以立武。君子听钟声，则思武臣。石声磬，磬以立辨，辨以致死。君子听磬声，则思死封疆之臣。丝声哀，哀以立廉，廉以立志。君子听琴瑟之声，则思志义之臣。竹声滥，滥以立会，会以聚众。君子听竽笙箫管之声，则思畜聚之臣。鼓鼙之声讙，讙以立动，动以进众。君子听鼓鼙之声，则思将帅之臣。君子之听音，非听其铿锵而已也，彼亦有所合之也。(《礼记·乐记·魏文侯》)

在这部分中，子夏先分别说明不同乐声对人产生的积极影响，再说明君子听乐时产生的联想。“君子”，孔疏：“谓识乐之情者，所以闻声达事。”这与《乐记·乐本》“唯君子为能知乐”的观点相合，不同于众人被动受音乐影响，君子可以超越表层的听觉享受，“从中体验到与自己志向相合的情趣和意味”(华文、薛永武《〈乐记〉精神研究》)。钟声铿然有力，因此可以兴立号令。“横”，郑注：“横，充也，谓气作满也。”威严的号令可以鼓舞军士士气，进而可立武事，因此君子听之可联想到武臣。“辨”，郑注：“谓分明于节义。”石磬不同于其他乐器，乐声清澈响越，因此可以达到辨别的作用。“辨以致死”，孔疏引崔灵恩：“若能明别于节义，则不爱其死也。”守节者能够辨明大义，不惜舍生取义，君子闻之可联想到为巩固地区统治而死的大臣。“廉”，郑注：“廉隅也。”意谓端方不苟的品性。关于婉转哀怨的乐声能够促使听者端正品性的原因，陈澔《礼记集说》：“人之处心，虽当放逸之时，而忽闻哀怨之声，亦必为之恻然而收敛，是哀能立廉也。”孙希旦《礼记集解》也有类似的论断：“乐则其意舒而同于人，哀则其心敛而贞于己。”听者受哀乐感染而心绪收敛，正视自己的内心，进而端正品性、自立其志，君子闻之也能联想到有志之士。“滥”，郑注：“犹揽聚也。”笙、竽之声繁杂有积聚意，可以起到聚集民众的作用，君子闻之可想到容民之臣。“鼙”是一种有柄的小鼓。“讙”，孔疏：“谓讙嚣也，其声讙杂矣。”欢快喧闹的乐声促使人有所动作，因此可以发动群众。君子闻之可以联想到能够催动军士的将帅。

尽管这些说法如今看来可能有牵强附会之嫌，但突显了儒家乐教思想中“声能立事”的观点。孔疏：“声各不同，立事有异，事随声起，是声能立事也。”君子听乐，重要的不是曲调如何，而是感受曲调背后被儒者赋予的厚重内涵，使心志与音乐相契合。正如陈旸《乐书》所言：“君子之于音，听之在心，不在耳。彼其音之所发，亦诚有所合之也。岂在悦郑卫之铿锵而已哉？魏文侯之为君，盖不知此，子夏所以深论之也。”

结　语

“德音”一词也可见于其他先秦儒家典籍，但其含义与《魏文侯》之“德音”不同。如《诗经》中的“德音莫违，及尔同死”（《邶风·谷风》），意为善言；“我有嘉宾，德音孔昭”（《小雅·鹿鸣》）、“乐只君子，德音不已”（《小雅·南山有台》），意为美好的名声。《国语·楚语上》中的“忠信以发之，德音以扬之”则表示合乎仁德的言语、教令。《礼记·乐记·魏文侯》赋予了“德音”新的含义。德音，简单来说就是道德之音。从源头上看，德音是先王圣人为教化百姓、治理天下所制定的正统音乐，“先王之制礼乐，人为之节”（《礼记·乐记·乐本》）。后世的君王若想巩固统治，引导百姓培养良好德行，最好也能以身作则、推崇德音，维护礼乐制度。从具体的演奏方式来看，德音须以革制、木制等声音质朴的乐器作为基本演奏乐器，再使用钟磬竽瑟等音色华美的乐器作为辅助润色，并搭配气势雄浑的舞蹈。演奏前先击鼓再奏乐，用相、雅来调整节奏，舞蹈步伐须整齐划一。从德音的作用来看，普通百姓受德音影响，“应感起物而动”（《礼记·乐记·乐言》），或是斗志昂扬或是端正品性；能够知乐的君子则以心听乐，体验到乐声中与自己志趣相合的部分。

（作者单位：山东大学尼山学堂）

《诗经》“有·状态动词”之“有”表存在功能新议

刘小川

“有”字用在动词之前，相比其用在名词、形容词之前，研究成果相对较少。王引之《经传释词》卷三：“有，状物之词也。若《诗》‘桃之夭夭，有蕡其实’是也……有，语助也。一字不成词，则加“有”字以配之。若虞夏殷周皆国名，而曰有虞、有夏、有殷、有周是也。”仅仅指出了“有”字和形容词、名词搭配，组成“有·形容词”或“有·名词”结构的用法。王力《古代汉语》：“‘有’字作为词头，用于专名的前面。常见的有上古时代的朝代名、国名、部族名等……又用于某些名词的前面……又用于某些形容词的前面。”同样没有提到“有”与动词搭配的情况；其《汉语史稿》认为“上古汉语动词也有类似词头的前加成分”，但没有举出“有·动词”用例。

后来，“有·动词”之“有”的“词头说”也得到了一定的发展；然而我们认为，《诗经》中这样的“有”字仍具备一些动词性质，可以表示存在，只不过被虚化了。本文接下来将立足《诗经》中“有·状态动词”的用例，对该类“有”字的特殊性加以讨论。

一、“有·状态动词”结构的用例及对“状态动词”的分析

（一）用例与简单阐释

刘月华等在《实用现代汉语语法》中，将动词分为动作动词、状态动词和关系动词三类，其中李临定认为不显示某种动作行为，而显示某种“静止的、持续的”状态，这样的动词就是状态动词（李临定《现代汉语动词》）。以此为依据，我们枚举出了以下几例《诗经》中的“有·状态动词”用例：

（1）明发不寐，有怀二人。（《小雅·小宛》）
（2）有怀于卫，靡日不思。（《邶风·泉水》）
（3）春日载阳，有鸣仓庚。（《豳风·七月》）
（4）依彼平林，有集维鷮。（《小雅·车舝》）

例（1）（2）“怀”字都是怀念、思念的意思，其中“有怀于卫”较于“有怀二人”更加具有不确定性，因为前者单纯体现出女子对于卫国长久、持续不断的思念，以至于达到了“靡日不思”的地步。由此可以看出，在例（2）中，“怀”这一行为随时可以发生，以前或也发生过，且未来还会经常发生；每次“怀”的持续时间可长可短，产生的环境也很不稳定。总结下来，它不可能是“一次性”“一瞬间”的动作行为。例（1）虽然指出了“怀”产生的时间（“发夕至明”之时），但可以持续一段时间或持续很久，其结束的时间也无法料定，是一个静态的、偏向于状态的行为。

如果说前两例的“怀”字不甚具有动词的鲜明特征，偏向于心理状态，那么接下来的两例相对而言更有说服力：例（3）“有鸣仓庚”句，“鸣”字作为动词，表示鸟的鸣叫。结合全诗语境，“仓庚鸣叫”这一现象应当是环境描写，可以为农作起到氛围铺垫的作用，着重表现仓庚在不断鸣叫的状态，从生活常识来看，鸟鸣时也往往并非只有一只鸟在鸣叫，或者仅仅鸣叫一声。所以，如果“仓庚”不是特指的一只或几只鸟，“鸣”也没有链接情感、事件或被赋有特殊意义，则动作“鸣”发出时，便没有很强的方向性和确定性，

也即在诗人所处环境内，哪一只仓庚鸟都可以鸣叫，且不限定鸣叫多久。在后文“有”字与“泛指与特指”的一节，我们还会重点讨论这个问题。

经过以上论述，我们可以发现“鸣”看上去具有鲜明的动作特征，但在该句中却是用来表示仓庚所具备的持续存在的状态。相似地，例（4）的“集”字动作特征就更弱了，它意为“聚集、栖止”，因过于静态，已经倾向于只表示群鷮在平林上聚集栖息的状态和现象，甚至接近形容词。且《诗经》中常见“有+形容词”结构，“有集维鷮”句又受到倒装句式限制，这就导致“有集”之“集”词性存在不明确之处。

对于“集”可能被解作形容词的问题，我们可以举出以下观点：郑玄释本句曰“平林之木茂，则耿介之鸟往集焉”，《正义》曰：“彼平林之木，有往集之者，维为鷮雉也”。这两种对“集”字的解读皆是结合文意释为“往集”，说明“集”字在某种意义上具有一定的动态属性；而严格意义上来说，我们不赞成把“集”在单独训释时增字作解加入“往”的含义。王继红、陈前瑞认为，“集”字是“表示存在状态的动词”（王继红、陈前瑞《〈诗经〉的“有”字句探源》，《南开语言学刊》2014年第1期），我们赞同两位先生的观点，认为“集”字仍旧是一种状态性的行为，并不仅单纯起到修饰作用，且我们在现代汉语中说“群鸟聚集”时，也并没有将“聚集”当作形容词来讲。此外，《周南·葛覃》有“黄鸟于飞，集于灌木，其鸣喈喈”句，《唐风·鸨羽》有“肃肃鸨翼，集于苞棘”句，其余提到鸟类和“集”的动作时，也基本采用“集”同“于”搭配的结构。“集于”相比于“有集”，则可以更清晰地将“集”确定为动词。

有了以上论述和例证的支撑，我们认为“有集维鷮”之“集”为动词，其表示的侧重点是一种较为静止的状态。例（3）（4）的两个动词亦应归类于“状态动词”范畴中。

（二）例句中“状态动词”的特点

在现代汉语中，有“持续性动词”和“非持续性动词”的概念：李临定指出“动词的量可以分为‘动量’和‘时量’”，前者是动作行为重复的量，后者是动作行为持续的量，且持续动词“是指动词所显示的动作行为是可以持续的，他可以有开始、持续、结束三个阶段”。马庆株将动词加表示时量的宾语分成三种述宾结构（指“动词+时间状语”“动词+了+时间状语”“动词+（了）+时间状语+了”），并认为在这些结构中能加“着”的动词叫作持续性动词（马庆株《汉语动词和动词性结构》）。我们认为，在古代汉语中，这两类动词同样存在。例如，《春秋·隐公元年》“郑伯克段于鄢”之“克”便是非持续性动词，因为“克”相当于现代汉语的“攻克”，即在战斗中胜利，不能持续；《诗经·邶风·静女》“俟我于城隅”之“俟”便是典型的持续性动词，因为“等待”是不需要限定时间量的，《周易·系辞传下》：“君子见几而作，不俟终日”即意为“君子见到合适的时机就会行动，不会等到这一天过去”，这个“俟”字的时间量属性就更模糊了。这样看来，古代汉语中当然存在持续性动词和非持续性动词，且与现代汉语的用法有许多相同、相似之处。

李临定曾结合他对状态动词的定义，举出“挂（着）”“摆（着）”“贴（着）”“叫（着）”等用例都是状态动词，现代汉语语料如“只有高枝上的笑鸟在叫着，仿佛在讥笑这伙不幸的寻访者”〔（法）儒勒·凡尔纳著，陈筱卿译《格兰特船长的儿女》〕。需要注意的是，这样的状态动词不仅在现代汉语中有体标记（如“着”“了”等），古代汉语中，“之”“矣”等字也可以看作它们的体标记。“鸣”“集”两个状态动词连缀体标记用例有“凤凰鸣矣”（《大雅·卷阿》）、“布谷日日鸣之”（《太平经合校》卷一百一十四）、“得凤象之三，则凤集之”（《韩诗外传》卷八）、“神未至而百鬼集矣”（《史记》卷十二）等。

而例（1）（2）中的“怀”属于心理活动，可以表示某一种“长久的”认知态度或感觉感情，是对已成为事实的感情等的反应，从时量来看总是属于过去，又往往能延续到将来，同样是一种心理方面的“状态”，应该归于“持续性动词”的范畴。

这样一来，我们就可以归纳出“有·状态动词”之“状态动词”的特性了：

第一，持续性和静态性。前文已经尽述。

第二，时间属性。这是持续性的延伸。非持续性动词往往具有很明显的完成性，可以很清晰地判断动作行为的终结，而“状态动词”的发生往往在当下或过去，且动作行为开始和结束的时间坐标模糊而不确定。

第三，限定性。“状态动词”的施事者可以是一个不确定的泛指群体甚至动物群体（仓庚、鷮等），发生的原因也可以是随机的、模糊的，甚至可以出现“已经产生了这样的行为，只是经过旁观者记录和陈述”的情况。比如例（3）（4）的两个施事者为动物的例句中，仓庚为什么会鸣叫、鷮为什么会聚集，都是陈述者几乎无法解释的；动作行为虽然正在发生，其产生却没有很明确的目的性和指向性，是几乎无意识而随机的。

二、“有·状态动词”之“有”的表存在功能

（一）通过“重叠合成词”看“有·状态动词”结构

在《诗经》中，有一类结构同“有·状态动词”结构较为相似，即“重叠合成词”结构。例如：

（5）招招舟子，人涉卬否。（《邶风·匏有苦叶》）

（6）泛泛杨舟，载浮载沉。（《小雅·菁菁者莪》）

潘国英认为，以上这样的叠词是由动词词根重叠形成的“表示动态状貌持续”的形容词；动词构成的合成重叠词可以通过重叠增加动作的量，产生“持续反复”的语法意义。（潘国英《〈诗经〉中动词重叠形式有无之考辩》，《湖州师范学院学报》2013年第2期）“招招”之“招”本是动词（《说文解字》：“以手曰招，以言曰召。”），而《诗三家义集疏》传则曰：“招招，号召之貌。”故“招招”应是在“谓主”语序中作前置谓语。例（6）中的“泛泛”在句法上也处于谓语的位置，表示小舟漂流、漂荡的状貌，着重表现的是“漂流、漂荡”这一动态性的持续。自汉朝以后，表示“持续反复”义的动词重叠用例则越来越多了。如杜甫《秋兴》之三“信宿渔人还泛泛，清秋燕子故飞飞”句，这里的“泛泛”“飞飞”显然已经变为动词性的动词重叠，隐含反复和久长的意义，从语法构词层面的重叠进步为句法层面的重叠。

可见，《诗经》中的动词重叠在词类归属上仍旧是形容词，是表示动态状貌持续的重叠合成词，但具备了动词重叠的意义。“有·状态动词”结构与动词

重叠的相似之处就在于，它也隐含了“持续反复”的意义，比如“有鸣仓庚”之“鸣”可以持续很久并且反复发生；但二者区别在于前者是“有”字和一个动词的组合，而后者是动词的重叠。“状态动词”之前虽然添加了一个“有”字，却并不影响其整体的动词属性，上古汉语中也没有任何证据表明“有·状态动词”与动词重叠存在关联。“有怀二人”与“有怀于卫”两个例句更可以表现出“有怀”的动词属性：如果将“有怀”解释为形容词“怀念的样子”，反而捍格难通：即使真将“有怀”当形容词讲，其修饰的成分也应该是不在句中的施事者“我”而非其他，故对“有怀”的动词属性应是给予肯定的。这样一来，我们就不能将“有·状态动词”当作一个整体的形容词来理解和训释。

那么，“有·状态动词”之“有”应起到什么作用呢？我们认为它仍旧具有较弱的表存在功能。与“表存在”这一观点相左的主要有两派说法：其一是“衬音说”，如朱广祁认为“有·动词”之“有”没有实在意义和语法功能，只起到凑足字数或补足音节的作用（朱广祁《〈诗经〉双音词论稿》）；其二是“词头说”，如程俊英、蒋见元《诗经注析》释“有鸣仓庚”之“有”为“词头，无义”，韩大伟亦将“有鸣仓庚”“女子有行”“胡能有定”等“有”视为词头（韩大伟《浅说“有”字充当动词词头》，《语文学习》2010年第10期）。我们对于“衬音说”与“词头说”暂且不敢完全认同，下面我们对这两派观点进行分别讨论。

（二）“有·状态动词”结构及施事者泛指与特指的关系

李宇明将上古典籍中名词前的“有”字视为“表定指的指示词”（李宇明《所谓名词词头“有”新议》，《中州学刊》1982年第3期），且论证了普通名词（泛指）前加“有”后即可变作专有名词（特指）的过程，但对于为何用“有”字来表特指，则是难以解释的。我们认为，表示特指其实就是表示强调的一种具体体现，上古时期采取“有”字表示特指，具有一定的随机性，更可能是侧重于用语习惯的语用问题，使用“有”字作特指字的原因更已不可考证。但在《诗经》“有·状态动词”结构中，我们发现“有”字的虚化程度同施事者的泛指或特指具有一定的联系，现阐释如下：

当“有·动词”结构和施事者在同一句中时，假若施事者是特指的，那么“有”字的虚化程度低，动词特征更强。如：

(7)召伯有成，王心则宁。(《小雅·黍苗》)

(8)既克有定，靡人弗胜。(《小雅·正月》)

(9)自古在昔，先民有作。(《商颂·那》)

反之，假若施事者是泛指的，即例(1)至例(4)，那么“有”字的虚化程度高，实际意义更难被发现。

其中，施事者是泛指的例句句式往往更灵活。比如“有集维鷮”和“有鸣仓庚”就是典型的主谓倒装句，正确语序应是“维鷮有集”和“仓庚有鸣”。

这里需要注意，梁占先认为，“有鸣仓庚”是“有仓庚鸣”的倒置，“有”是名词词头，且“有仓庚鸣”这样的倒置方法是《诗经》中仅有的一例，“有鸣仓庚”还原为“有仓庚鸣”、“有集维鷮”还原为“有维鷮集”也早已被研究过。本文则认为“有鸣仓庚”“有集维鷮”是“仓庚有鸣”“维鷮有集”的倒置，将“有·状态动词”当作一个整体来实现主谓倒装。这两种倒装方式用现代汉语进行解读是没有区别的，若认为“有仓庚鸣”是正确的倒置方式，“有”则是动词属性更加明显的同动词，表示存在(非梁占先所谓“名词词头”)；若认为“仓庚有鸣”是正确的倒装方式，“有鸣”就属于“有·状态动词”结构，“有”表示一种状态的存在，意义较为虚化。

“维鷮有集”和“仓庚有鸣”分别表示鷮在聚集栖息和仓庚在鸣叫。后世著作中还有很多相似的主谓倒装用法，如《离骚》“鸣玉鸾之啾啾”，“鸣玉鸾”的正确语序是“玉鸾鸣”；柳宗元《小石潭记》“如鸣佩环”的正确语序是“如佩环鸣”等，“玉鸾”和“佩环”的施事者也都是泛指的。相比之下，施事者是特指的例句则不容易产生句式变化，因为其语序隐含了完整的语言逻辑、清晰的行为链条和施事受事关系，和上下文的联系也会更加密切。

如例(7)“召伯有成”句，如果把该句语序调转过来，作“有成召伯”，则句子的语言逻辑会随之改变。例(9)“先民有作”句则更为明显。句意为“先民曾经有作为”，但若改为“有作先民”的话，施事者就不明确了，句意将产生很大变化，“有作”是侧重于先民的作为还是其他主体对先民的影响，则更加不能判定。出现这样的情况，是因为假若把施事者后置，却还要让它承担施事者的功能，违背了听话人接受语言的先后顺序。所以，如果施事者已经是特指，且强调的是事件本身的因果、过程等，则不适合采用主谓倒装的方式。

故“有·动词”结构句中的施事者为泛指时，“有”的意义往往较为虚化，因为此时“有”不需要很明确的指向性与很强的动词属性；相反，句中施事者为特指时，“有”可以依助施事者本身的特指性，形成有利于表示强调与确定的语音和语境，以更好地体现出“有”表示强调与确定的功能。最后，当施事者不在“有·动词”结构句中时，可以依据施事者是泛指或特指分别归纳于这两类之中。

至此我们便可以认识到：“有·动词”句施事者为泛指的情况下，都包涵于“有·状态动词”范畴中，故“有·状态动词”的意义会相对其他情况的“有”字而言较为虚化。

（三）“有·状态动词”之“有”非单纯衬音字

讲到“衬音”问题，不得不提的是汉语音节的稳定性。一般看来，汉语中双音节结构是最稳定的，这也就导致“动作动词”对名词的音节有一定的选择限制。张国宪的著作《现代汉语动词的认知与研究》指出，表示主谓关系的“名词+动词”结构中，单音节动词往往可以相对更自由地选择名词音节，采取“单音节名词+单音节动词”与“双音节名词+单音节动词”两种组合都可以。只不过三音节的音组模式在汉语中不稳定，故常构成对举句式来追求结构上的平衡。

比如“有怀二人”句，若删去“有”字，得到的新句“怀二人”语法结构和原句相同，看起来对意义也不会产生影响。但这样就忽视了“有”字可以表示动作、行为或状态持续的作用。洪波认为，“有”字表示动作持续的作用相当于类型学的进行体（洪波主编《立体化古代汉语教程》）；现代汉语方言如粤西闽方言中，尚且保留着“有”在谓词之后，表示动作持续（即所谓“进行体”）的用法（李荣主编《现代汉语方言大词典》）；陈光磊也认为“有”字具备一些实在意义，隐含着存在的一种状态，尽管比较弱（陈光磊《汉语词法论》）；倪怀庆则直接将“有”字看作一般动词，认为“有”能够表示存有和出现，只不过意义有一定的虚化〔倪怀庆《从〈国语〉看“有”字的早期用法》，《广州大学学报》（社会科学版）2004年第6期〕。

王继红、陈前瑞提出了一个较为完整的系统，他们认为“有·状态动词”之“有”就是强调一种状态，其中“有+状态动词”可以记为“有SPs”，这里的“SP”指的就是状态谓词（static predicate），下标“s”表示状态（state），有确定其现实性（王继红、陈前瑞《〈诗经〉的“有”字句探源》，《南开语言学刊》2014年第1期）的作用。此外，王继红、陈前瑞将现代汉语一些南方方言中的“有+静态谓词”也归入“有SPs”范畴里。

我们认为王继红、陈前瑞二位先生的说法有一定道理，原因有二：其一，状态动词虽然动态性不强，但它们都是曾经发生过或当下正在发生的，是确实存在的动作行为。不可置疑的是，状态动词也是动词，只是动词的特征不那么明显。其二，所谓“确认状态的现实性”其实就是确认这一状态性动作行为的发生性；只不过因为“有·动词”结构之“有”随着“动词”的动态特征减弱（或施事者泛指）而变得过于虚化，以至于在理解和训释过程中不能较准确地提炼出意义，才导致一些学者判断“有·状态动词”之“有”字是毫无实义的衬音字。

综合看来，我们应该肯定“有·状态动词”之“有”表示存在。我们猜想，它的实际意义可能偏向于“曾经”或“正在”，比如“有鸣仓庚”其实可以释为“仓庚正鸣叫着”。另外，这类“有”字往往受到诗歌韵律的影响，能够在提供语法意义的同时具备一部分衬音作用，它只是不能被当成单纯的衬音字看待，这一点同样是需要承认的。

（四）“有·状态动词”之“有”非词头

喻遂生在文章《甲骨文的词头“有”》中指出解“有·名词”之“有”为词头的两个条件：“有·名词”是一个整体，且“有·名词”之“有”无实义（并非仅仅无词汇意义，而是完全没有实义，“有·名词”和单独使用“名词”的意义没有区别，只有形式不同）（喻遂生《甲骨文的词头“有”》，《汉语史研究集刊》2002年）。下面我们就选用这两个条件来分析“有·状态动词”结构：

首先是“有”是否具备实义的问题。前文已经提到，“有·状态动词”的“有”字实际上具备一定的实义，只是虚化程度较高，导致不容易被发觉；在例句（1）到例句（4）中，删除“有”字前后句意变化甚微，不会影响我们对原意的理解，却不能说这里的“有”字是全无实义的。

其次是“有·状态动词”中的“状态动词”是否具有独立性的问题：“有·状态动词”结构是“有”同一个动词的复合体，“状态动词”并不依赖“有”字使用。比如“有鸣仓庚”句，后世的《五礼通考》卷一百九十九就有“正月中，猛风至，獭祭鱼，仓庚鸣”的用例，“仓庚鸣”既省去了“有鸣仓庚”之“有”，亦还原了主谓倒装语序。可见，这些“有·状态动词”结构之“状态动词”无疑可以单用，“状态动词”对“有”并没有依赖性，不必搭配使用，更说不上是固定的词组或短语。另外，这里的“有”字用法特殊，不能够较容易地找到替代者。王继红、陈前瑞指出，在“有·状态动词”的情况下，句子的整体意义就是陈述一种状态，这样一来，用在此种情况中的“有”字就很难找到相同作用的词来替换（王继红、陈前瑞《〈诗经〉的“有”字句探源》，《南开语言学刊》2014年第1期）。“有”字的难以取代，或许也是它是否可视为动词词头这一争议的动因之一。

需要补充的一点是，在前文中“有”字同施事者泛指与施事者特指的阐述中，我们提到，“有集维鷮”和“有鸣仓庚”这两个例句最为特殊，因为只有这两例可以将施事者放在动词之后，很自然地采取倒装形式。这时如果删去两句中的“有”，“集维鷮”和“鸣仓庚”就无法成句了，需要将主谓语序还原或形成对举句式等，以保证句子结构的稳定性。可见这两句中的“有”字还具备提供句式变化可能性的语法意义，其衬音功能实际上是这种语法意义的延伸。相比之下，一般意义上的词头和衬音字无法让句式发生改变；如“薄言采之”（《周南·芣苢》）的“薄言”、“叔马慢忌”（《郑风·大叔于田》）的“忌”等，它们往往只出现在句头或句尾，至多用在正常语序句法成分的顺承处，不会影响语法本貌。这便是“有”同一般的词头或衬音字的另一个区别。

最后，针对“有”字“衬音说”和“词头说”的争议，我们认为刁晏斌、李艳艳的观点较为中肯：“有”字在语用方面很是独特，最主要的表现是调整音节、变单为双，和原动词配合后能在更多句式和语境中运用；“有”字和其他词搭配也同样具有较浓重的书面语和文雅语体的色彩（刁晏斌、李艳艳《试论“有+单音节动素”式动词》，《语言教学与研究》2010年第1期）。可见，“有”字只不过是提供了一种用法，为语言的使用增加了一些变化，其虚化程度足以使我们忽略它的意义或不进行训释，但这种虚化程度尚未达到单纯衬音字或词头的要求。

三、总述

（一）“有”的定性问题

文章讨论的“有·状态动词”之“有”字往往和需要表示存在的动词紧密相连，具备表示存在（及其延伸出的强调、被动等）的意义。故我们认为，这样的“有”字应像大多可以表示存在的“有”字一样归属于“关系动词”中的“同动词”。关于“同动词”，汪震在《中等国文法》中有所界定：“凡言非动作之作用者曰同动词，谓其同于动词之用也，有‘有、在、为、似’等字。”《马氏文通》：“然有不记行而惟言不动之境者，如‘有’‘无’‘似’‘在’等字，则谓之同动，以其同乎动字之用也。”当今看来，“同动词”往往指表存在消失、表联系的动词。

（二）“有”字的词汇意义和语法意义

“有·状态动词”之“有”作为同动词，本身是相对虚化的动词，词汇意义和语法意义边界容易不清晰。本文认为这样的“有”字词汇意义表示存在，但因为许多类似“有”的同动词可以起到相同效果，所以在更加抽象地概括后，其语法意义或也可以说是“表存在”。对此，我们给出的解释是：“有·状态动词”之“有”的词汇意义和语法意义确实于“表存在”方面有一定的重合，但前者更多的是对“有”这一词的解释，后者体现的是“有”字之表存在功能可以使句子成立，或者提供更多的句式变体，而不至于出现句法结构不完整的问题。

（作者单位：山东大学尼山学堂）

清代历城朱氏文化世家研究（上）

李嘉彤

钱穆先生曾在《中国文化史导论》中说道：“家族是中国文化一个最主要的柱石。”家族，是由姓氏、血缘等亲缘关系连接而成的人的集合，其词义中，尚不带有任何政治色彩和文化含义。在封建社会，家族已经从相当程度上承担起政治纽带的职责，作为维系统治和国家稳定的工具而存在，推及皇族之外的各大家族，自然也需要让自身在愈发壮大的同时保持稳定，屹立不倒，甚至成为一方之霸、豪强之家。这些家族中，门第、品秩皆高，世代为官或袭为诸侯者，即为“世家”。

本文旨在梳理历城朱氏有史可考之人物、家族谱系、兴起和发展的过程，考证家族文学著述，分析朱氏家学在文坛中的地位，整体审视这一兴盛一时的文化世家。

一、崛起与发展的历程

历城朱氏家族，曾世居山东青州，于明清易代时期举家迁至济南府历城。据可考史料《高唐州志》记载：“朱姓本出邾子国（曹），即近邹县高唐地近之故，知其为公族也。”历城朱氏家族本属“祝融八姓”之一的曹姓，周武王时期分封诸侯时将曹姓先祖曹挟封于邾地，附属于鲁国，后为楚国所灭，其后代便取邾地之姓曰“朱”（《元和姓纂》），自周代至晋朝，朱氏家族曾涌现出朱诩、朱浮、朱永、朱尚、朱质、朱龄石、朱超石等武官，自唐之后则总体展现出由武转文的发展趋势。随着科举的兴起与推广，朱氏家族出现了与前代不同的朱仁轨、朱敬则两兄弟，推动朱氏家族逐渐由习武世家向文化世家转变，可以说，直到清代朱缃、朱纲一代，历城朱氏家族才完成了这一转变进程。

明清时期，历城朱氏经历了隐逸农耕的时代后，由第三代朱美先经商致富，由此崛起为济南府一支重要宗族，此后第四代又产生了朱昌祚、朱宏祚等政绩显赫、心系民瘼之名僚，至第五代有朱缃、朱绛、朱纲等对于诗歌创作各有特色的文学家。朱氏家族子孙繁衍，人丁兴旺，产生了许多官至总督、巡抚的一方名官，也诞生了许多享有诗坛一席之地的优秀诗人。本节将对其中部分史料详明之人作简要梳理。

（一）贫隐不达时期：第一代和第二代

根据光绪《高唐州志》和道光《济南府志》记载，朱氏家族第一代为朱志高，第二代为朱仲卿，朱仲卿为朱志高之子，此两代皆贫隐，“浅德弗耀”，携族人以务农为生，并不参与科举取士，也不依靠经商致富。历城朱氏本居于山东青州府，于明朝时由第二代朱仲卿扶老携幼，率领族人来到高唐州定居，确切位置应该位于今梁村镇朱楼村。第三代，也就是历城朱氏的重要转折性人物朱美先，正是在高唐州朱楼村出生的。朱志高、朱仲卿均无完整笔墨记载，涉及史料也甚少，其生前行略已不可获知。其后代子孙朱宏祚仕清有功，特追封二人为通议大夫（《高唐州志》记为光禄大夫），属于文散官名，多为赠官所用，如不配合具体官职，便只是虚衔。

（二）经商致富小振兴时期：第三代

朱美先，字少川，朱仲卿之子，生于高唐州朱楼村。早年间，朱家尚清贫不达时，朱美先就以“任侠”“高伟”之名闻名于乡间。清时，京杭大运河得到修建。京杭大运河作为清代漕运的黄金水道，打破了鲁西商品经济一度闭塞消沉的局面，打通了区域商品经济的致富之路，朱美先敏锐地嗅到商机，弃农从商，“问生计于萧、砀、费、泗间”（《高唐州志》），很快便积累起丰厚的财产，他购置沃土良田，修筑家宅，朱家由此成为鲁西一代经商致富的旺族。

崇祯十一年（1638），清军入塞，带兵肆虐于山东各地，烧杀掠夺、搜刮财富，甚至将劫掠来的人与家畜赶在一起行路。清军围困高唐，朱美先的三子朱昌祚被清军掳掠而去，此时，朱昌祚年仅十一岁。而后，崇祯十五年（1642），朱美先之妾张氏带金环被贼人所夺，最终殉节；其子朱光祚、朱昇祚又在京城陷入官司，被打入州牢，朱美先散尽家财，上下打点，方救出其子。朱美先半生栉风沐雨、南北往来所积累的家财几乎消耗殆尽，然而清兵愈加猛烈的进攻和施压却让他毫无喘息之隙，只好仓促率族人辗转避难。先是举家搬迁至贝州（今河北清河），后又迁至安德（今山东陵县）。

崇祯十七年（1644）三月，清军入关，李自成攻陷北京，朱明王朝灭亡。同年五月，顺治入关，南明弘光政权在南京建立，代表前明与清政权对峙。朱美先听闻后大喜，立即动身前往投奔，希望拥护南明政府，作为前锋军北伐，将清军驱赶出中原。但让他失望的是，南明政府已是内里腐烂、声色犬马，终日沉溺于歌舞酒色，醉生梦死，并不理会愈发紧急的政治危机，朱美先最终心灰意冷，放弃反清政权，暂时避难于松江。

清顺治二年（1645）六月，南明弘光政权灭亡。清廷为获得崇祯末年大量避难江南地区的世家大族、前朝旧臣支持，宣布对南渡乡绅回籍一律既往不咎。顺治二年（1645），朱美先遂率其子返归鲁西，定居高唐。高唐土寇蜂起，顺治三年（1646），通夏津汴官桥贼宋鸭蛋、州寇三帽檐子等于十月初十进城，抢州马匹、民众财物，朱家不堪其扰，于顺治四年（1647），迁至济南府历城。

（三）为官入仕大振兴时期：第四代

朱氏家族第四代包括朱美先五子：朱光祚、朱昇祚、朱昌祚、朱宏祚、朱丕祚。可以说，第四代朱氏族人不再采取先辈远离朝廷、贫隐不达的生存方式，而是积极入仕，与清政权合作以谋求家族兴旺。这一路线转变的效果十分显著，第四代的历城朱氏趋于极盛。

长子朱光祚，字华胤。《高唐州志》中记载他"天性孝友，渍以家学，慨然有范文正公先忧后乐之志"，"德望隆重，勤愍公资其赞助"，其弟朱昌祚行事得到了他的许多赞助和教导。朱光祚顺治八年（1651）拔贡，赠中宪大夫。旧《高唐州志》无朱光祚传。

次子朱昇祚，字高荫。顺治十一年（1654）拔为副榜贡生，被誉"人淡如菊”(《康熙十二年高唐州志》)。

三子朱昌祚(1627—1667),字云门,世称一代“名宦”“乡贤”,其事迹多记录于《高唐州志》《清史稿》以及《钦定大清一统志》中。朱昌祚“少禀家学,风器非常,便有龙骧凤举之志”(《清史稿》),幼年时期生活富庶安逸,十一岁时遭戊寅之变,被围困高唐的清军掳走出关。世祖章皇帝见他卓尔不凡,颇具气度,便对他多加一分关照和留心,即“蒙世祖简注”(《清史稿》),为朱昌祚得以作为从龙旧臣入关埋下契机。被俘出关当年,顺治帝降生,朱昌祚被编入汉军镶白旗。顺治元年(1644),作为从龙旧臣扈从入关,随顺治帝进入京城。顺治九年(1652),被任命为宗人府启心郎。朱昌祚出任此职后,启心郎由五品提升到二品,与各部侍郎同衔。顺治十八年(1661),以工部侍郎的身份巡抚浙江,成为一代封疆大吏。康熙三年(1664),朱昌祚升任福建总督,加兵部尚书衔,因丁忧未能上任。康熙四年(1665),升任直隶、山东、河南三省总督。在这期间,辅政大臣鳌拜以八旗内部土地分配不均为由,请求重新划分各旗内土地,一时间圈地互换之风混乱,百姓所耕之田皆被破坏。情急之下,朱昌祚与苏纳海等人向康熙帝上疏寻求支持,以阻止鳌拜。但康熙帝年幼无权,康熙五年(1666),鳌拜伪托圣旨将朱昌祚几人施以绞刑。康熙八年(1669),鳌拜伏罪。康熙九年(1670),朱昌祚得以平反,褒恤如例,赐谥号勤愍。

四子朱宏祚(1630—1700),字徽荫,他是历城朱氏家族中第一个中科举者。顺治五年(1648),朱宏祚山东乡试中举。直到康熙九年(1670),其兄长朱昌祚上疏力阻圈地一案得到平反,朱宏祚才得以被启用,授江南盱眙知县。康熙十四年(1675),征为循吏。康熙十七年(1678),改任刑部广东司主事。康熙十九年(1680),迁贵州司员外郎。康熙二十年(1681),迁兵部督捕司郎中。康熙二十二年(1683),升任直隶天津道佥事,参与编修《大清一统志》。康熙二十四年(1685),晋直隶守道参议,总理八郡钱谷。康熙二十六年(1687),擢升为广东巡抚、都察院右佥都御使。康熙二十八年(1689),署两广总督事。康熙三十一年(1692),朱宏祚升任闽浙总督,兵部右侍郎兼都察院右副都御史。康熙三十三年(1694),上疏言“福建地瘠民佻”(《康熙十二年高唐州志》),上责宏祚失言,因此被贬官。其时朱宏祚年逾古稀，被命督修江苏高家堰河。康熙三十九年（1700），卒于任上。从第四代朱宏祚开始，通过科举途径步入仕途的朱家子弟日益增多。

五子朱丕祚，相比其二兄昌祚、宏祚，史料记载较少。曾为州学生。

（四）文学发展时期：第五代

历城朱氏第五代，在第四代趋于极盛后，延续了其稳步振兴的发展势头。上接朱宏祚中举，第五代朱氏家族成员多通过科举途径得到晋升、提拔，同时参加文学和文艺等文化活动，逐渐形成具有家族和地方特色的朱氏家学。

朱綵，字莱襦，号瞿亭，朱光祚之子。康熙八年（1669），拔为乡贡。康熙十二年（1673），中进士。由内阁中书舍人升至刑部江南司主事，本司员外郎郎中。民国《高唐县志稿》记载，他“执法如山，百折不屈，慎行若坠，有隐必申”。康熙三十七年（1698），升湖广郧阳府知府。在位期间，他发仓赈民、重修武阳堰、剖断疑狱，政绩显著，民众“树石颂之”（《光绪高唐州志》）。康熙四十九年（1710）六月，卒于任上，年七十一。

朱纹，字汉襄，朱昇祚之子。康熙十六年（1677），因京闱举人而任中翰。《高唐州志》记载，他“为人温煦廉慎，礼法自检，尤工于举业”，居于明湖之上，修史为乐。其人题其壁曰：“开樽绿泛贤人酒，卷幔红摇君子花”，其风采可以想见。后因其孙朱燕而被追封为奉政大夫。

朱绂，朱昌祚子。荫朱昌祚，入国子监，赐督捕事官，后升为大理寺卿。

朱缃，字子青，号橡村，朱宏祚长子。少负逸才，于书无所不读，凡经、史、子、集，无不淹博。致力于诗歌，唯不喜科举之程文制艺，后循例纳资捐官为候补主事。学诗于王士禛，受知于田雯，与朱彝尊等诗坛文人骚客交游，王士禛在《朱缃墓志铭》中赞其“体备文质，彬彬然近代一作手也”。乡试屡试不第，授部郎，未尝游贵者之门，擅长交游，性好宾客，过济南者以不见子青为遗憾。笃于人伦，康熙三十九年（1700），朱宏祚逝世，朱缃赶回家中，亲自扶棺下葬。母亲王氏死后，朱缃积劳成疾，于康熙四十六年（1707）病卒，年三十八。著有《岭南草》一卷、《枫香集》一卷、《云根清壑山房集》一卷、《观稼楼诗》二卷、《吴船书屋诗》一卷等诗集。

朱绛，字子桓，朱宏祚子，贡生。援例选刑部贵州司郎中，以父丧，去。复补江西司郎中，后出为永州府知府，历官广东兵部藩司，雍正元年

（1723），官至广东按察使、布政使。雍正九年（1731）卒。朱绛少时随父任所，师从王士禛，与张杞园等人交往甚密。著诗集《岭南草》，与朱缃、朱纲所著合刻的《棣华书屋近刻》被收入《四库全书》。

朱纲，字子骢（民国《高唐县志稿》作"子聪"），号忝斋，朱宏祚子。早年从游四方，讲经世之学。以贡生授兵部武库、武选两主事，职方员司外郎。康熙六十年（1721），迁任河南按察使。雍正元年（1723），迁湖广布政使。雍正五年（1727），巡抚云南，后调为福建巡抚。其父朱宏祚曾于此处为官，也是于此处因失言被贬，朱纲感怀旧地，暗自勉励。雍正六年（1728），卒于官，年五十五。卒后赠兵部尚书，谥"勤恪"。从其兄受诗于新城王士禛，著有诗集《济南草》《苍雪山房集》。另外，朱纲善于检验尸体的多种尸伤及致死因素，并有法医之专著《洗冤录》及《检尸考要》等书。

朱缵，字子成，任乳源知县。

朱缙，贡生，任扬州训导。

历城朱氏家族第五代延续了第四代家族发展的势头，开辟出科举与文学二者结合发展家学的路径，其家族成员多以科举入仕，而后于文学领域广交名流，延续家族的文化生态活力与生命力。

（五）总体衰落期：第六代及第六代后

清代历城朱氏家族第六代及以后，仍然人才辈出，家族愈发壮大，但比起第四代、第五代的辉煌时期，已有下滑趋势，第六代及以后家族成员普遍处于知县、知府等中下级官职，政治、文化影响力大不如前。

朱綵共六子。长子朱怀朴，字素存，号山民，其事迹多记载于《高唐州志》、董元度《朱怀朴传》。生于康熙九年（1670），屡试主司不见收，作欧阳公顺时科第之叹。交游甚广，天性好古，善书法，工吟咏。晚年生计略尽，无悔心，无德色，慷慨好义。卒于雍正二年（1724）。以子邃官，赠承德郎、陕西靖逆卫通判，例赠奉直大夫，直隶沧州知州。著有《复斋诗稿》《禹登山房集》《种莎书屋集》《桐轩诗》《鹅浦集》《晴雪斋稿》《楚游草》《竹间草》，共八卷。其余五子朱怀樾、朱怀楷、朱怀楠、朱怀忞、朱怀材史料记载较少。

朱纹之子朱怀本，以监生任辰州知州，以其子朱燕赠奉政大夫。

朱缃共五子。朱崇勋，字彝存，著《桐荫书屋诗草》，以子朱琦官封文林郎。朱崇道，字带存，著《湖上草堂诗》。朱宾理、朱翊典、朱端宙记载较少。

朱绛共十子，朱崇简、朱崇谟、朱崇恩、朱崇端、朱崇诏、朱崇仁、朱崇业、朱崇法、朱崇善、朱崇年，史料记载较少。

朱纲有四子。朱崇谦，早卒。朱崇豫，荫生。朱崇厚，字野君，太学生，著《绘事逋还杂咏》。朱崇诰，字冠霞，太学生，乾隆九年（1744）任固安县县丞，后升霸州州判、东光知县，著《柿叶山房诗》。

朱纬之子朱令昭，字次公，为诗似李贺。与淄川张元、胶州高凤翰、义乌方起同倡柳庄社，书法宗唐人，亦善画。由贡生捐州同，未仕而卒，著《闽游集》《皇葵集》等。

第六代之后，有官名、史料可考者有：朱邃，朱怀朴子，官至沧州知府。朱燕，朱怀本子，援例常德府通判，历辰州府凤凰营通判、辰州府汾阳同知、浙江温州知府。朱琦，字景韩，朱崇勋子，乾隆十二年（1747）乡试举人，历陕西神木知县、江西万载知县、四川安岳、彭县知县。朱瑀，朱崇勋子，字介亭，号莪圃。朱璜，字苍佩，弱冠补诸生，乾隆十八年（1753）选为蒙阴教谕，乾隆四十三年（1778）升为青州府教授。朱攸，字渊亭，朱令昭子，乾隆二十四年（1759）乡试得馆谷，乾隆三十五年（1770）仕国子监学正，乾隆三十六年（1771）升为助教，乾隆三十七年（1772）成进士选庶吉士。乾隆四十年（1775）任翰林院散馆编修，乾隆四十二年（1777）任顺天乡试同考官，乾隆四十八年（1783）任山西乡试副考官，乾隆五十四年（1789）充会试同考官，乾隆五十五年（1790）授江西吉安知府。朱彤，字丹亭，弱冠补诸生，后被德州宋弼、钱塘桑调等人拔为泺源书院八骏八杰之首，乾隆二十七年（1762）举于乡，乾隆四十五年（1780）成进士，任曹州府学教授，曾任黄县训导。朱曾武，字绳孙，号蒨圃，朱璜子，乾隆四十八年（1783）举人，任广东开平县知县。朱畹，字敉人，号虚谷诸生。朱廷相，朱畹子，字纶伯，道光二十四年（1844）副榜。朱丕勋，朱畹孙，字峻之，号竹桥。朱丕煦，朱畹孙，字春旭，号和轩诸生。朱畹、朱廷相、朱丕煦、朱丕勋均能诗。

综上所述，我们可以看到，历城朱氏家族第一代、第二代贫隐，第三代朱美先作为重要转折点，通过为商经营为朱氏家族奠定家业。第四代朱昌祚、朱宏祚等官至总督、巡抚的封疆大吏让朱氏家族发展到达顶峰，风光无二。从第五代开始，朱氏家族子弟积极参与科举、积极入仕，同时开展诗歌、作画、书法等文化活动，与王士禛、朱彝尊等名流交游。朱氏家族代代相传，秉承簪缨遗风，堪称山左颇具政治、文化影响力的世家望族。

（作者单位：山东大学尼山学堂）

陈述：辽金史研究的一代宗师

——史语所才俊谱（二十九）

由昊雨

陈述是史语所历史组的一员，同傅乐焕、冯家昇被誉为“辽史三家”。陈述一生为学，著述不辍，出版《契丹史论证稿》《辽文汇》《金史拾补五种》《契丹社会经济史稿》《辽代史话》《全辽文》及《契丹政治史稿》等多部著作，在中国台湾、香港等地区，以及日本、韩国、美国等国家都具有一定的影响力，被著名学者张政烺誉为“辽金两史，一代师宗”。陈述之所以能够在辽金史领域取得重大成就，与中央研究院历史语言研究所良好的学术氛围，及前辈学人的提携奖掖有着密切关联。（张峰《历史语言研究所与陈述的辽金史研究》）

一

陈述，字玉书，幼年家境清寒，其父性格朴实，是位教书匠。陈述幼年时随父亲学小学课程，念过“四书”、《诗经》、《书经》和汉唐以来的古文若干篇。其父要求陈述通晓文义，可背诵讲解，对《论语》《孟子》的讲解，父子二人还时常彼此比较对照。其父常说：“文无定格也有定格；办事说话，也常用赋、比、兴启发思路，总要有个条理头尾嘛。”陈述幼时规训严格，父亲不准他看杂书、小说，幼年也就没有看过《三国演义》《水浒传》一类的书，背诵的几句唐诗，还是孩提时期，由其祖母口授的。儿时的陈述单一地学会了“之、乎、者、也”的用法，也粗知历代学术、文章大概。陈述十三岁时，进入县城高等小学学习，其后在初小、高小两次全县会考中均取得第一名的成绩。陈述当时以为自己成绩的取得是年幼接受快、记得牢的缘故，但以后回想，实是得力于教诲。陈述来北京上学后，两次转校，先在香山中学学习一年，后转入省立第十六中学（宣化），一年后，又转入北京求实中学。连续换学校的经历，培养了他自学的习惯。（陈述《陈述自述》，《世纪学人自述》北京十月文艺出版社2000年版）

1929—1935年，陈述在国立北平师范大学历史系学习。据其回忆，学校选课很自由，自学的时间很多。其时，包括陈述在内十几位学生，围绕着陈垣先生的讲授读书上课，茶余饭后偶尔也互相切磋，形成一个没有任何固定形式的松散小组。陈垣先生常教导说，要把研究中国史的中心夺回来，不能让中国史的研究落后于国外。（陈述《陈述自述》）在陈垣先生的提点指导下，陈述愈加注重研究方法、史源和识力，并在治史学习中积极思考，培养举一反三的能力。1932年前，陈述在北师大修习期间，分别作了陈（寿）范（晔）异同、南齐书艺文志、蒋士铨年谱和金史氏族表四项学术练习。这四项学术练习虽属于习作范畴，但给年轻的陈述带来了很深的影响。陈述精力充沛，治学更是锲而不舍。九一八事变后，陈述作为青年学生的一员，深受“书生报国”的感召，在历史学习方面愈加愿意去研读一些东北史相关的研究内容。他标点了辽、金二史和元史的大部分，对辽金史的认知了解更上一层楼。在大学课程方面，陈垣先生、朱希祖先生、陆懋德先生的课给陈述留下了深刻印象。陈述也因之更注意史学史，在研究过程中不仅综观整个史学的发展，而且留心具体著作的某些技术细节，注意前人有哪些成就，哪些是美中不足的地方。在课程之外，陈述也常泡在图书馆中。

璞玉细心雕琢，终有成器为人赏识的一日。1933年春，陈垣将陈述所作的《金史氏族表》交给陈寅恪看，并让他猜测文章作者的年纪。陈寅恪依据内容和笔力认为作者应当“四十岁上下”，陈垣则坦白告知：作者是自己的学生，仅仅二十一二岁。陈寅恪听闻大为惊讶，遂希望能见这位学生一面。陈述就这样来到西四姚家胡同陈宅。那是陈述与陈寅恪二人初次见面，前辈对后学，倍极勉励，说今谈古，诚恳热情。临别时陈寅恪对陈述说：“平日我在清华园，周末进城，以后再来。”（陈述《陈述自述》）《金史氏族表》也在陈述与傅斯年之间架设了一座桥梁。经陈垣先生的推荐，此文引起了傅斯年的关注。傅氏在阅读陈文之后评价说：“此书之充实，当以所参检文集、碑志之数量为准，而其优越，当以发见沿习之误为标。今初稿已坚实丰盈至此，后来必为金源一代史事研究作础柱矣。欣甚幸甚！”（陈智超编注《陈垣往来书信集》）至此，陈述同史语所学人便有了交流的机会。历史语言研究所自然并不愿意轻易放过这位聪明好学的年轻人。1934年秋末，罗常培告诉陈述，说傅斯年要同他谈谈。同陈述见面时，傅斯年先是关心陈述的学习状况，随后介绍中央研究院和历史语言研究所的情况，并邀请陈述毕业后到历史语言研究所工作。陈述自然一口答应。就这样，陈述同史语所结缘，并由此正式开启了他辉煌的学术生涯。

二

陈述自1935年进入史语所从事研究工作，至1941年被借调至位于四川三台县的东北大学，在史语所工作近六年时间。这一段兵荒马乱的岁月，对于陈述来说，是其学术演进至新阶段、开拓治史新境界的关键时期。在这一时期，他发表了多篇研究成果，如《金史氏族表》《阿保机与李克用盟结兄弟之年及其背盟相攻之推测》《曳落河考释及其相关诸问题》《头下考》《契丹世选考》《东都事略撰人王赏、称父子》等。可以说，陈述在史语所工作的时期，是其学术得以迅速提升的重要阶段。其时，史语所丰富的文献资料与考古材料、先进的治史理念与方法、众多新历史考证学名家的汇聚，以及由此而形成的严谨、求实的学风，都对陈述的史学研究产生了深远影响。〔张峰《历史语言研究所与陈述的辽金史研究》，《淮阴师范学院学报》（哲学社会科学版）2014年第5期〕陈述同时也谨记所长傅斯年的教导：“扩充材料，扩充工具，以工具之施用，成材料之整理，乃得问题之解决，并因问题之解决引出新问题，更要求材料与工具之扩充。如是伸张，乃向科学成就之路。”〔傅斯年《傅斯年全集》（六）〕陈述更因之意识到其大学时所作的正史校勘与考订工作的局限性，并积极走向对于历史问题的研讨与思考的路径。在这个过程中，陈述一方面发扬学生时期积淀下的史考功底，以考证见长，同时亦注重新史家所倡导的史学经世思想，超越“论证确实”而得创见；不仅在选题方面注重其历史价值，更注重在细致考究后阐明其历史意义。

《阿保机与李克用盟结兄弟之年及其背盟相攻之推测》一文是陈述进入史语所后进行书写发表的第一篇学术论文。在文中，陈述不仅辨明了司马光考证之谬误，更进一步对耶律阿保机与李克用背盟之前后因果进行了深入探讨，认为“晋与契丹直接毗连，利害冲突”是导致双方背盟相攻的根本原因。（陈述《阿保机与李克用盟结兄弟之年及其背盟相攻之推测》）而文章最可贵之处在于，该文推理严密，视野广阔，文内穿插分析契丹同以后梁、晋国等为代表的五代十国政权之复杂关系，复现这一时期历史演进，阐明历史发展趋势。

除此之外，《曳落河考释及其相关诸问题》同样是一篇从考据入手，立意深远的学术佳作。陈述将阿保机个人出身、先世的探讨，延伸至制度性的兵制问题，使研究的意义不限于个别历史人物，而是扩展到整体的制度，显示他问题意识的发展。〔张峰《历史语言研究所与陈述的辽金史研究》,《淮阴师范学院学报》（哲学社会科学版）2014年第5期〕从制度层面剖析辽代社会，是陈述在史语所时期关注的一个焦点。《契丹世选考》与《头下考》是他关于这方面研究的成果。《契丹世选考》中，在考释与疏通契丹部的选官制度之基础上，陈述敏锐地注意并得出推论：阿保机代替遥辇一事，不可仅仅看作更易大王、改换族氏，实是“契丹初期汉化后之大革命，包有政制社会之一切改革”。（陈述《契丹世选考》）而在关于契丹头下制度的考释中，陈述不仅超越了以钱大昕为代表的清人的理解，而且觉察到头下制度的研究实为辽金制度史研究之枢纽关键。可以说，陈述对于契丹与辽代制度的考证，所见更广远，且其对于历史研究的意义也有了更深层次的认知。

在史语所的近六年时间里，陈述不仅在《历史语言研究所集刊》上发表了几篇文章，更为重要的是，他已从多个面向开启了以后辽金史研究的方向，为其离开史语所后的学术研究搜集了材料，奠定了基础，指明了路向。〔张峰《历史语言研究所与陈述的辽金史研究》,《淮阴师范学院学报》（哲学社会科学版）2014年第5期〕据史语所1935年的工作报告记载，陈述参照“缪荃孙《辽文存》、王仁俊《辽文萃》、黄任恒《辽文补录》、罗福颐《辽文续拾》及新得之辽碑志若干种为《全辽文》之校订。"〔傅斯年《傅斯年全集》（六）〕后来，陈述考虑《全辽文》"极端形容之'全'字，过为隆重"，于是征得傅斯年同意，改为《辽文汇》。（陈智超编注《陈垣往来书信集》，生活·读书·新知三联书店2010年版）而那些在史语所时期已经开始了的尚未完成的研究工作——成为其离开史语所后研究的一个重要方面；另外，在史语所时期拟定的一些研究计划，虽因时事纷扰而未能得到充分展开，但已预告了他在其后研究的方向。

当然，陈述在史语所期间取得的学术研究成果之不易，还有一层因素便是纷乱的时局。从1935年到1940年，陈述在史语所工作的这段时间里，日本侵华的步伐不断加快，史语所的发展因受时局影响而不断播迁。1935年11月，史语所历史组迁入南京北极阁新址，陈述也因之随史语所南下。然而，随着敌机开始侵扰南京，史语所的处境也再度变得危险。1937年8月，淞沪会战爆发，史语所开始迁往长沙，在长沙短暂停留两月之后，便决定再迁昆明。1938年3月，陈述刚刚抵达昆明，便与劳榦一起写信向傅斯年汇报了迁徙情况："此次千里长途运公家要物来此，李启生、高晓梅诸君费力甚大，梁先生尤卖气力，生等亦随同料理，不敢分一、三组畛域，亦不敢辞事物工作也。惟房屋至今无着落，故一切均未进行。"然而，好景不长，随着滇边军事吃紧，昆明成为日军轰炸的重要目标，史语所不得不于1940年10月从昆明陆续迁往四川李庄。就在此时，金毓黻向史语所商讨借聘陈述到位于四川三台的东北大学任教一事，所以陈述未随史语所到达李庄，而是直接去了四川三台。陈述于1940年12月26日抵达东北大学，自此离所而未归。（张峰《陈述先生与史语所》，《文汇学人》2018年）

三

东北大学向史语所"借聘"陈述，史语所的批复为"准借"，因此陈述是以"请假"的名义离开史语所，期限一年。就人事关系来说，陈述仍然隶属史语所，故而他到东北大学之后，依旧向傅斯年汇报读书、讲学情况，俨然还将自己视为史语所的一员（张峰《陈述先生与史语所》，《文汇学人》）。

在东北大学期间，陈述一方面继续在史语所时未能完成的《辽史补注》工作，另一方面也常期盼能够归所复学。陈述曾于1942年11月主动向傅斯年提出返所的请求，并提及三台物价高涨，生活不易，同时汇报了他所从事的《辽史补注》工作进展。傅斯年则复长信一封，向陈述表明所里难处：一是返所没有路费，二是回所之后待遇不及东北大学，三是承诺若遇人事纠纷可设法解决。由此观之，史语所并非要将陈述拒之门外，而是战火纷乱之下，史语所自身尚且风雨飘摇，实在无法承担他返所的路途费用。陈述回信说之所以要返所，是因为“此间非读书之地，不宜作久留”，“请假以来愧无进益”，并表示在不能回所的情况下，仍将全力从事《辽史补注》的工作。在这之后，陈述亦有再申请返回史语所，但因种种条件制约，皆不能成行。抗战胜利后，陈述受聘位于上海的暨南大学，一年后回到母校国立北平师范大学任教，似乎他与史语所完全中断了联系。然而，1948年出版的《史语所集刊》第20本下册刊发了陈述的《乣军考释初稿》一文。《史语所集刊》第20本是史语所为庆祝中研院成立二十周年，推出的一期“本院成立第二十周年专号”，刊发的文章多为史语所学人内稿，陈述之文刊载其中，反映出他与史语所“断而未断”的关系。（张峰《陈述先生与史语所》）

新中国成立后，陈述先生积极投身新时代的史学建设工作中。新中国成立初期，陈述被调到中央民族学院任研究部教授兼图书馆馆长。1958年，中央民族学院研究部划归中国科学院，陈述随之转入民族研究所任研究员。1971年，陈述回到北京参与《辽史》点校工作。“文革”结束后，陈述则更以十倍的努力投入史学研究中。1982年，陈述发起成立中国辽金史学会，被推举为会长。中国辽金史学会组织调动了考古、文博、科研、教学、科普以及文艺界等多方面的力量、深化了辽金史的研究，促进了辽金史知识的普及和宣传，推动了学术研究，活跃了研究气氛，为中华民族的大团结做了积极有益的工作。随后，陈述先后前往美国和中国台湾地区，为海内外学术文化交流、为中国辽金史研究走向世界作出突出贡献。

陈述多年辛勤笔耕，日精月华结成累累硕果，共有专著《契丹史论证稿》《辽文汇》《金史拾补五种》《契丹社会经济史稿》《辽史补注》等14部；论文70

多篇，几乎涉及了辽金史的各个方面。尤其是对辽金的政治、经济、文化、科技、文学、教育、宗教、民族等都做了全面填补空白的工作。陈述在学术观点上独树一帜，突破窠臼且自立新论，为辽金史研究作出了杰出贡献。

陈述治学态度严谨，一丝不苟，对待史料反复比较核实、追本溯源。这正是史语所学人的共同特点。而博闻强记，扎实苦干，是陈述学有所成的关键。“一代宗师昭史册，毕生心血写辽金。”成长于史语所的陈述终成辽金史研究的一代宗师。

（作者单位：山东大学儒学高等研究院）

从《春秋》与《左传》看“求真”观念的产生

——兼论“求真”“致用”关系在史学史上的流变

朱 羿

历来论及中国史学传统时，学者们总是开宗明义地强调“求真”是历史学的本质属性，如“‘求真’是史学的一个根本属性，‘求真’观念的自觉标志着史学的自觉和独立发展”（江湄《直笔探微——中国古代史学求真观念的发展与特征》，《史学理论研究》1999年第3期），“‘求真’是古代史学的根本要求”（许殿才《古代史学的“求真”与“致用”传统》，《史学史研究》2008年第2期），“史学之体在于其为真……无史学内容之真，则史学不复成为史学”（刘家和《史学的求真与致用问题》，《学术月刊》1997年第1期），等等。这一论断似乎已经成为研究中国史学史的“铁律”，鲜有人质疑。但如果我们暂时放下盘踞在头脑中的预设，真实地沉潜于古典史学家的著作和具体的社会历史环境，审慎地加以分析诠释，或许会得出不一样的结论。本文从中国史学传统的起源——《春秋》及《左传》入手，以穷尽的方式考察了《左传》中所有与“史”相关的材料，剖析其中蕴含的“求真”观念，兼及“求真”与“致用”之关系和在后代史学中的发展流变。

一、“求真”观念与“致用”传统的产生

《春秋》与《左传》是历史影响最为深远的古典史学写作范式，奠定了中国古典史学发展的内在基本逻辑。孟子曰：“晋之《乘》、楚之《梼杌》、鲁

之《春秋》一也。其事则齐桓、晋文，其文则史。孔子曰：‘其义则丘窃取之矣。’”“世衰道微，邪说暴行有作，臣弑其君者有之，子弑其父者有之。孔子惧，作《春秋》。《春秋》，天子之事也。”“孔子成《春秋》而乱臣贼子惧。”（《孟子·滕文公下》）如果孟子所言不虚，那么孔子作《春秋》的目的本来就是“取义”以使“乱臣贼子惧”，即通过立纲常名教以拨乱反正，这属于“天子之事”，而非史官之事。这样的目的可以从《春秋》和《左传》的差异中明显地体会到，如《春秋·庄公元年》“三月，夫人孙于齐”一事，《公羊传》记述为“孙者何？孙犹孙也。内讳奔谓之孙”，《穀梁传》则记述为“孙之为言，犹孙也，讳奔也”，二《传》均认为“孙”当读为“逊”，指文姜“谦逊地”去鲁之齐，但实际上文姜是“讳奔”。对照《左传》的具体记载可知，文姜实则是因参与谋杀鲁桓公，或因舆论压力所迫“出奔”齐国。此处讳“奔”为“孙”，即体现孔子“为尊者讳耻”的大义，并借此大义以维护其理想中“君君臣臣父父子子”的礼乐等级制度。由此观之，孔子作《春秋》并非为了如实反映人类历史在时间维度上绵延不断的状况，尽管孔子曾说“夏礼，吾能言之，杞不足征也；殷礼，吾能言之，宋不足征也。文献不足故也。足，则吾能征之矣”（《论语·八佾》），也曾“使子夏等十四人求周史记，得百二十国宝书”（《春秋公羊传注疏·隐公卷》），重视文献考订的求真工作，但这种工作归根结底是为其致用目的服务的，本质仍是虚构的真实，是通过重构时人习以为常的生活经历给予篡位蔑礼者强有力的现实冲击感，如鲁君不论被弑与否一律书“薨”的笔法仿佛昭示着所有谋逆叛乱的行为都不曾成功，威赫的君权仍然伫立。这样的文本创作手法与虚构小说的本质区别仅仅在于，孔子预设的作为接受者的当时之“乱臣贼子”（《通志·灾祥序》：“凡说《春秋》者，皆谓孔子寓褒贬于一字之间，以阴中时人，使人不可晓解。”）本身就是《春秋》虚构的历史舞台上的表演者、在场者，具备对于真实历史充分了解的知识基础，他们会不自觉地把自己带入这个延续的舞台，切身地体会到自己“功绩”被磨灭，无法作为权势人物流名后世的痛苦，其他大义也会如刀锋般侵刻着他们的内心，而虚构的小说只能设计一个外在于接受者的场景，叙事中寓含的教化、道理始终无法和接受者合而为一，难以引发“惧”的情感。

与此相比，《左传》的“求真”之义则更为明显，从《左传》记载的史官活动情况来看，我们大体可以推想出“求真”追求产生的原因。

从人类历史起源来看，当远古先民面对雄伟的自然力量时，总是产生两种相悖的反应：一是敬畏，比如“其祝史陈信于鬼神，无愧辞”（《左传·襄公二十七年》）；二是力图将其控制而为己所用。出于这两种现实的需要，人类社会诞生了两种相互配合的职业——巫和史。许慎《说文解字》云：“巫，祝也。女能事无形，以舞降神者也。”“史，记事者也。从又持中。中，正也。”（段《注》进一步解释“中”的含义为“君举必书。良史书法不隐”。）然而，“记事需待文字出现，而早在文字出现以前很久，关于部落神或氏族神的祭祀便代代相传，所以我们宁可相信较晚的韦昭的解释，即史的职责是‘序神位’”（朱维铮《中国史学史讲义稿》，复旦大学出版社2015年版）。这也就意味着巫祝与史官的职责在二者产生时界限不甚分明，而这一特点仍然保留在《左传》当中，如：

> 狄人囚史华龙滑与礼孔以逐卫人。二人曰：“我，大史也，实掌其祭。不先，国不可得也。”（《左传·闵公二年》）
>
> 初，晋献公筮嫁伯姬于秦，遇《归妹》三之《睽》三。史苏占之。（《左传·僖公十五年》）

太史掌管祭祀之礼，沟通天人，深得民心，故“不先”入则“国不可得”；史官还需要承担“占”即“视兆问也”，预测吉凶的职责。另外，《左传》中还存在“祝”“史”连称现象。在这种意义上的“史”，尚未产生求真求实的自觉意识。

随着人类知识与经验的增长、积累，客观上要求从巫史群体中分化出专职记诵有关各类神灵的名字、习性等的“记事者”——独立的“史”。如：

> 晋侯有疾，郑伯使公孙侨如晋聘，且问疾。叔向问焉，曰：“寡君之疾病，卜人曰：‘实沈、台骀为祟。’史莫之知。敢问此何神也？”（《左传·昭公元年》）

君主病重，占卜结果为实沈、台骀作乱，而有司先问史官二者何神，可见熟记神灵的相关情况确是史官的职责所在。如果巫史失职，有时可能会遭受严峻的刑罚：

夏，大旱。公欲焚巫尪。臧文仲曰："非旱备也。修城郭，贬食省用，务穑劝分，此其务也。巫尪何为？天欲杀之，则如勿生；若能为旱，焚之滋甚。"公从之。是岁也，饥而不害。（《左传·僖公二十一年》）

"巫尪"是主祈祷请雨者（杜预注），因其失职，未能沟通神灵降雨而造成大旱，鲁僖公希望通过焚烧牺牲"巫尪"的方式以求雨。《礼记·檀弓》郑注云："尪者面向天，冀天哀而雨之。"迫于君主的威胁，为了保全自己的性命，同时也为了维持巫史沟通天人的神圣地位和威信，这一分化出来的"史"群体自然要在现实生活中主动研究客观事物运行发展的规律，积累经验以指导预测活动，即探求所谓的天意。《左传》的众多预言中经常透露这样的信息：

有星孛入于北斗，周内史叔服曰："不出七年，宋、齐、晋之君皆将死乱。"（《左传·文公十四年》）

"后三年宋弑昭公，五年齐弑懿公，七年晋弑灵公。"（杜预注）周内史利用观星术推测人事祸福吉凶，实质上蕴含着天地造化与人事物理浑然一体，彼此呼应的观念，正所谓"国家将兴，必有祯祥；国家将亡，必有妖孽。见乎蓍龟，动乎四体。祸福将至：善，必先知之；不善，必先知之"。尽管事物的客观运行规律与现实的社会人生之间不一定存在本质必然的联系，但是上述物我一体的观念的确促进了史官对现实的而非虚幻的事物进行观察研究。

与史官将注意力从虚妄的侍神转向客观的物理同时，民众的主体地位也逐渐凸显出来：

秋七月，有神降于莘。惠王问诸内史过曰："是何故也？"对曰："国之将兴，明神降之，监其德也；将亡，神又降之，观其恶也。故有得神以兴，亦有以亡，虞、夏、商、周皆有之。”王曰：“若之何？”对曰：“以其物享焉，其至之日，亦其物也。”王从之。内史过往，闻虢请命，反曰：“虢必亡矣，虐而听于神。”（《左传·庄公三十二年》）

神居莘六月。虢公使祝应、宗区、史嚚享焉。神赐之土田。史嚚曰：“虢其亡乎！吾闻之：国将兴，听于民；将亡，听于神。神，聪明正直而一者也，依人而行。虢多凉德，其何土之能得！”（《左传·庄公三十二年》）

在内史过、史嚚眼里，鬼神依民而行，与“夫民，神之主也”的观念一致，实质上均认为鬼神处于“后人生时代”，也需要享受以“气”的形式存在的食品，因此提供祭品的民众便是主人，而鬼神则相对地成为客人。进一步地，君权在这种框架下受到神的约束，实际上就是受到民众的约束。由于政治观念发生了重要转变，原初巫史群体对神的敬畏便转化为对民众的敬畏——这同时也与周初以来武王伐纣大获成功，发现殷商所依靠的鬼神占卜天命观并不可靠，最终转向自身之德与民众之力所产生的“敬德保民”的思想密切相关。既然充满敬畏，必然诚而无妄地对待民众的现实生活以及与统治民众相关的一系列社会历史与现实政治活动：

季梁止之曰：“天方授楚，楚之羸，其诱我也，君何急焉？臣闻小之能敌大也，小道大淫。所谓道，忠于民而信于神也。上思利民，忠也；祝史正辞，信也。今民馁而君逞欲，祝史矫举以祭，臣不知其可也。”（《左传·桓公六年》）

有道之君必须“忠于民而信于神”，祝史应该“正辞”以待祭祀，这些主张无不体现着诚与真的观念，尤其是后者，考虑到史官群体已经分化出的专门职能，这种对于鬼神的“正辞”必然影响到其记载往事的表述态度。

在上述自然物理与社会历史、现实政治两方面的研究转变基础上，为使研究所得的经验能够保存下来遗惠后世，史官需要利用简牍记载过往，形成文理贯通的典籍或分门别类的原始“记注”：

二年春，晋侯使韩宣子来聘，且告为政而来见，礼也。观书于大史氏，见《易象》与《鲁春秋》，曰："周礼尽在鲁矣。吾乃今知周公之德，与周之所以王也。"（《左传·昭公二年》）

且昔而高祖孙伯黡，司晋之典籍，以为大政，故曰籍氏。及辛有之二子董之晋，于是乎有董史。（《左传·昭公十五年》）

史为书，瞽为诗，工诵箴谏，大夫规诲，士传言，庶人谤，商旅于市，百工献艺。（《左传·襄公十四年》）

鲁之于晋也，职贡不乏，玩好时至，公卿大夫相继于朝，史不绝书，府无虚月。（《左传·襄公二十九年》）

公孙黑强与于盟，使大史书其名，且曰"七子"。（《左传·昭公元年》）

在这样的关键节点，朦胧的"求真"意识便发生了，而且是在"致用"目标的推动下形成的。因此，史学的逻辑起点便是"致用"而非"求真"。当然，由于当时的人们受认知能力的限制和原始社会遗留的风俗影响，客观的真与主观的幻象并没有得到严格的区分，史官也总是记载各类荒诞不经的事件，例如关于梦的记载，"《左传》的描写多达29处，而其中26处具有明显的神幻色彩。综观这26处描写，它们涉及人类社会生活的方方面面，譬如兆国家灾祥、测个人祸福、兆爵禄予夺、征氏族兴衰、验战争成败和明行为进退等"（安奇贤《〈左传〉梦象浅析》，《牡丹江大学学报》2012年第4期），如：

初，声伯梦涉洹，或与己琼瑰，食之，泣而为琼瑰，盈其怀。从而歌之曰："济洹之水，赠我以琼瑰。归乎！归乎！琼瑰盈吾怀乎！"惧不敢占也。还自郑，壬申，至于狸脤而占之，曰："余恐死，故不敢占也。今众繁而从余三年矣，无伤也。"言之，之莫而卒。（《左传·成公十七年》）

"食玉"类似于"含玉"，是贵族死后埋葬的礼节，因此这个怪异的梦实际上预示着声伯的死亡，具有奇幻的色彩。

在另一方面，《左传》本身就是这种“求真”观念践行的产物。《左传》表达褒贬爱憎倾向的方式大致上有三种：一是按照《春秋》的“微言大义”，在叙事中自然流露，这实质上是对《春秋》文约而其旨不明之弊病的补救，但这种补救主要在于信息量的完善与扩充，起到令叙事更加完整，更注重因果联系，易于被人理解接受的作用，因此其接受者也得以从当时的“乱臣贼子”扩大到历史上一般的统治阶级，甚至普通民众，凸显了史学保存过往的主要功能，如《春秋》经文记载“夏五月，郑伯克段于鄢”，而《左传》追溯过往，明言“初，郑武公娶于申，曰武姜。生庄公及共叔段。庄公寤生，惊姜氏，故名曰‘寤生’，遂恶之。爱共叔段，欲立之，亟请于武公，公弗许。及庄公即位，为之请制。公曰：‘制，岩邑也，虢叔死焉，佗邑唯命。’请京，使居之，谓之‘京城大叔’”（《左传·隐公元年》），在叙事中揭示了两人矛盾的根源，构建了因果联系；二是借助被叙述的历史人物之口直接说出自己的观点态度，是一种移情的文学创作手法，如“子鱼曰：‘君未知战。勍敌之人，隘而不列，天赞我也。阻而鼓之，不亦可乎？犹有惧焉！且今之勍者，皆我敌也。虽及胡耇，获则取之，何有于二毛？明耻教战，求杀敌也。伤未及死，如何勿重？若爱重伤，则如勿伤；爱其二毛，则如服焉。三军以利用也，金鼓以声气也。利而用之，阻隘可也；声盛致志，鼓儳可也。’”（《左传·僖公二十二年》）；三是利用独立的“君子曰”与解经语形式，点明掩藏在《春秋》叙事中的情感态度与道德评判，形式上更加客观，浮现了独立于历史事件之外的裁断者的形象，赋予了被叙述的历史事件的道德教训更加“永恒”之意义，如《左传·僖公十二年》中的“君子曰：‘管氏之世祀也宜哉！让不忘其上。《诗》曰：“恺悌君子，神所劳矣。”’”这便是《左传》之“求真”思想在史评方面的表现：将主观的评价用客观的形式呈现出来，使读者不会混淆事实之真与价值判断，给予读者自己作出价值评判的基础。

在历史叙事上，《左传》对《春秋》的记载多有驳正，仅举《春秋·僖公二十八年》为例：“天王狩于河阳”。然而《左传》曰：

> 是会也，晋侯召王，以诸侯见，且使王狩。仲尼曰：“以臣召君，不可以训。”故书曰：“天王狩于河阳。”言非其地也，且明德也。

《春秋》出于“为尊者讳”的原则，不书周襄王被晋文公召见之耻，而采用天王主动巡狩的表述，虽然体现了其道德评价，但是损害了历史之真，故《左传》予以纠正。除了对于具体事件的补正，在宏观的历史格局之变化发展上，《左传》也表现出超越《春秋》的价值——这体现为一种文本层面的整体可接受性，因为有时即使一个文本的每一句话均为真，但是由于隐瞒了部分事实，导致其表述在了解全部真相的读者眼中仍显得有失偏颇，《春秋》就是这样的例子。《春秋》以鲁国为中心，详内略外；而《左传》的记述内容几乎包括了当时中原各国如齐、晋、鲁、卫、郑、宋等及周边的如秦、楚、吴、越等所有国家，“乃至周边的少数民族，如山戎、白狄、赤狄、长狄、淮夷、徐夷和百濮等，都加以记载”（马卫东《〈左传〉叙事成就与中国古典史学的诞生》，《社会科学战线》2020年第8期）。对于《春秋》缺略的人物活动及其言论，《左传》均加以详载，记载人物达两千四百多人（详见方朝晖《春秋人物谱》编撰说明），“社会的活态，人群的深处，也兼述不遗，更使其内容丰富无比。舆人之诵、莱人之歌，城者、筑者之讴，都采入了，国人的议论，草野的心声，也无不博载”（杜维运《中国史学史》第一册，商务印书馆2010年版）。

然而，按照传统观点，《左传》只是用于解释《春秋》的作品，“七十子之徒口受其传指，为有所刺讥褒讳挹损之文辞不可以书见也。鲁君子左丘明惧弟子人人异端，各安其意，失其真，故因孔子史记具论其语，成《左氏春秋》。”（《史记·十二诸侯年表》）《左传》之真的价值归宿最终落在了《春秋》的“致用”上，求真仍然没有作为一个独立的目标被确立下来，再加上《左传》作者经营文章的精巧构思往往是以预言式的前后呼应体现的，如著名的“季札观乐”这一情节就预示着各个国家的前途命运，且作者时常为了增强文章的趣味而横生枝节，如在《僖公四年》“齐侯以诸侯之师侵蔡”之前，安插进“蔡姬荡公”“公怒归之”“蔡人嫁之”的桥段，模糊了救郑伐蔡以伐楚本是齐国既定目标的历史事实，在文本叙事的层面上降低了自身的“恰当性”。这意味着，“求真”和“致用”从史学传统的摇篮中没有取得平等的地位，“求真”是服从于“致用”的。

二、“求真”观念与“致用”传统在中国史学史上的流变

在《左传》“求真”与“致用”兼备的同时，中国史学传统上这一对最古老也最重要的矛盾已经在其中展开了斗争：

> 左史倚相趋过。王曰：“是良史也，子善视之。是能读《三坟》《五典》《八索》《九丘》。”对曰：“臣尝问焉。昔穆王欲肆其心，周行天下，将皆必有车辙马迹焉。祭公谋父作《祈招》之诗，以止王心，王是以获没于祇宫。臣问其诗而不知也。若问远焉，其焉能知之？”王曰：“子能乎？”对曰：“能。其诗曰：‘祈招之愔愔，式昭德音。思我王度，式如玉，式如金。形民之力，而无醉饱之心。’”王揖而入，馈不食，寝不寐，数日，不能自克，以及于难。（《左传·昭公十二年》）

楚灵王以为倚相是“良史”，因其能诵读众多上古经典，识人所不能知，求人所不能通，对上古历史文化之真有所得；然而子革以为倚相不知祭公谋父讽谏之诗，不明历史文化的教化作用，实际上是不重视历史文化之“致用”的现实功能，因而也不可能知道更遥远的真实的历史文化状况。这里的矛盾实际上在于，子革认为“致用”是“求真”的价值基础，一旦抛弃了这个基础，“求真”将因毫无意义而变得难以实现。楚王最后也被子革说服，接受了“致用”比“求真”更重要，无“致用”之“求真”非真“求真”的观点，这也与史学产生的现实逻辑相一致。

“求真”与“致用”的矛盾在中国史学史上一直延续不休。《左传》记载了两则有关“书法不隐”优良传统的事迹：

> 乙丑，赵穿攻灵公于桃园。宣子未出山而复。太史书曰：“赵盾弑其君。”以示于朝。宣子曰：“不然。”对曰：“子为正卿，亡不越竟，反不讨贼，非子而谁？”宣子曰：“呜呼！‘我之怀矣，自诒伊戚’，其我之谓矣！”孔子曰：“董狐，古之良史也，书法不隐。赵宣子，古之良大夫也，

为法受恶。惜也，越竟乃免。”（《左传·宣公二年》）

大史书曰：“崔杼弑其君。”崔子杀之。其弟嗣书，而死者二人。其弟又书，乃舍之。南史氏闻大史尽死，执简以往。闻即书矣，乃还。（《左传·襄公二十五年》）

这两则史料在后世均被认为是“书法不隐”的“直书”表现，体现了中国史学传统中宝贵的“求真”品格。后世学者对此的阐释大致可分为两派：一派是以唐宋时期的刘知几和朱熹为代表的“义理化史学”，另一派是以乾嘉史学为代表的“实证史学”。值得分析的是，在《惑经》篇中，刘知几对“《春秋》笔法”提出质疑，认为史学家的任务应该是做到像“明镜”“虚空”那样无一毫个人成见，不受身份地位的拘束，如“实”记载而抛弃书法，“善恶必书，斯为实录”：

盖明镜之照物也，妍媸必露，不以毛嫱之面或有疵瑕，而寝其鉴也；虚空之传响也，清浊必闻，不以绵驹之歌时有误曲，而辍其应也。夫史官执简，宜类于斯。苟爱而知其丑，憎而知其善，善恶必书，斯为实录。观夫子修《春秋》也，多为贤者讳。狄实灭卫，因桓耻而不书；河阳召王，成文美而称狩。斯则情兼向背，志怀彼我。苟书法其如是也，岂不使为人君者，靡惮宪章，虽玷白圭，无惭良史也乎？（《史通·惑经》）

江湄认为，“这是要求史家写出善恶是非、功过荣辱的‘千秋金镜’”，“一方面要求记录历史事实，一方面则是要依据自然之理与人伦之理合一的‘天道’来判定善恶是非”（江湄《“直笔”探微——中国古代史学求真观念的发展与特征》，《史学理论研究》1999年第3期）。此说良是。刘知几之“明镜”远非西方史学理论中的单纯反映客观现实的“明镜”，其根本归宿仍是以名教为代表的“致用”，整个思想实则全以“致用”为统率，只是对于具体的不同史笔运用方法有所区分，正如朱熹把伦理之真与事实之真混为一谈的“史之正法”与“非史法”之区分（见《资治通鉴纲目》凡例自注）那样，标准并不涉及本质问题。

乾嘉史学大家钱大昕则认为：

《春秋》之法，书薨卒无异辞，所谓直书而善恶自见也。欧公修《唐书》，于《宰相表》中，有书薨、书卒、书死之别，欲以示善善恶恶之旨。然科条既殊，争端斯启，书死者固为巨奸，书薨者不皆忠党，予夺之际，已无定论。(《廿二史考异》卷四十六《宰相表》)

钱氏以为创立褒贬科条，于文字上下功夫会引起争端，应如《春秋》“薨卒无异辞”(即无论死亡方式如何，其客观结果均是死亡)般直书。“这就说明史家主观分类标准越多，划定事实归属和记载真实历史越容易出现紊乱，造成名不副实的危害。”(罗炳良《王鸣盛史论性质商榷》,《学术研究》2001年第8期)另外，王鸣盛等人也是这类史学思想家的代表人物，这主要是由于自康熙帝高压政策(如大兴文字狱，著名者如康熙二年湖州庄氏史案等)与怀柔政策(如康熙十二年举荐山林隐逸、十七年举荐博学鸿儒，为朝廷笼络、控制人才，以及十八年开明史馆吸引德高望重的大师)并举以来，一方面史家受到政治压力的侵迫，不得不摒弃可能触及政治红线的主体性，转而埋头于古典文献；另一方面史家也自觉地配合清朝统治者整理明朝遗留的故事，以及通过钻研古典文献以谋求利禄晋升。

三、余论：“求真”观念与“致用”传统流变之轮廓及其当代价值

经验的历史事实告诉我们，在中国史学传统中很少有史学家继承推极主要由《左传》肇始之事实的“真”之追求，而这极少的纯粹客观的“真”之追求又大概有两条继承的发生途径：一是史家主体性充分发展并发扬，以怀疑批判的态度审视官方正统史学思想，借此谋取共享的公共话语平台并最终挺立自己的价值体系；二是史家主体性受到严重压迫，史家不得不埋头古典文献求真而被禁止发声，久而成习。可见，纯粹客观的“求真”思想往往活跃于史学“致用”受阻的时代，主要是作为一种手段夺回史家主体的“致用”权利，而“求真”的独立价值发展得很不充分，甚至可以说相当孱弱。这其

中的一个重要原因当为《春秋》的经史二重性，而且自汉代以来，其经之地位总是高于史之地位，加之孔子作《春秋》之目的——如果我们相信孟子所言——其史学的求真特性就再一次被削弱。所以，即使《左传》开辟了史学的“求真”之路，终究抵挡不住经学的浩大声势，始终无法完全独立于经学而自主地走向繁荣。

今日，《春秋》与《左传》开创的优良传统仍然能够发挥重要作用。当代中国史学研究在经历了社会科学化之后，把求得纯粹客观之真作为独立的价值目标提出。但是，西方后现代主义史学思潮兴起后，对“绝对的真”之理念提出了严峻的挑战，这种挑战似乎至今尚未在中国史学研究实践中产生积极反响。面对解构后的残破不堪的“真”，史学家发现史学的研究手段永远也不可能企及那一永恒的“真”，在这种价值目标的指引下发展的学科必然是畸形与扭曲的。在这一历史关键点上，以《春秋》与《左传》为典型代表的中国的古典史学传统将重新恢复它的荣光：“致用”视角下的历史学，将作为目标的“真”定义在了一个局限的范围内，如钱大昕所言“事无系乎兴亡，语不关乎劝戒，准之史例，似可从删”（《廿二史考异》卷十五）。当然，今日的史学必然要拓展它的研究范围，而不仅仅拘泥于狭隘的道德评价体系，但是古典史学这一重“致用”的传统仍然具有极其强烈的现实指导意义，有助于促进中国当代史学研究转向，走上健康发展的道路。

（作者单位：山东大学尼山学堂）

章学诚“六经皆史”说再探

付雨欣

“六经皆史”一说并非章学诚的首创，这一点已成为学界的共识。然而，“六经皆史”说的学术渊源，在学界仍存有诸多争议。此外，目前学界对于章学诚“六经皆史”的具体内涵，也有诸多讨论，但仍未达成一致的见解。尤其是章学诚提出“六经皆史”是否以贬低经学的地位作为目的这一问题，学者们亦有颇多不同观点。

对于章学诚“六经皆史”说是否有首创之功这一问题，目前学界大致存在两种观点，一种是“创见说”，这个观点的提出者是柴德赓，他认为“六经皆史”之说，实乃章学诚在学术史上的“一种创见”（柴德赓《试论章学诚的学术思想》）。另一种则是当下主流的观点，认为章学诚并非“六经皆史”说的首创者，而在这个观点体系下，对于章学诚的“六经皆史”之渊源，学者则各自有不同观点，尚未形成一致：有些学者认为章学诚的“六经皆史”说本自“浙东学术”的开创者刘宗周，而后承自黄宗羲（刘锋杰、肖翠云《黄宗羲“文与道合”观的三个维度》）；有些学者认为王阳明、李贽这一脉的心学就已经为章学诚提出“六经皆史”作了理论铺垫（张城《经史辩证，持世救偏——章学诚经史观新论》）；还有些学者认为“六经皆史”可追溯至先秦的道家（高寿仙《章学诚“六经皆史”说诠释》）。

综以括之，学界对于章学诚“六经皆史”的学术源头与具体内涵仍未达成一致意见，但基本不赞成柴德赓“一种创见”的说法，而认为“六经皆史”并非始自章学诚。但笔者认为，在为医治“道”“器”分离这一清代学术

"积弊"的层面上，章学诚对"六经皆史"说的提出可谓创举；针对章学诚所言"六经皆史"的具体内涵加以探讨，亦能发现章学诚并非全然重蹈前人之覆辙，他赋予了"六经皆史"以"六经皆器"的内涵，从而把这一概念导向了"经世致用"之途。因此，笔者的观点在一定程度上与柴德赓先生的"创见说"相合。本文主要针对笔者对于章学诚"六经皆史"渊源及其具体内涵的观点展开论述。

一、"六经皆史"的学术渊源

章学诚并非首次提出"六经皆史"概念之人，在他之前，王阳明、李贽等人皆对"六经皆史"这一命题有所讨论，"六经皆史"这一文本所包含的思想亦已经过较长时间的演变，其大致轨迹可参见以下图示（参见田河、赵彦昌《"六经皆史"源流考论》）：

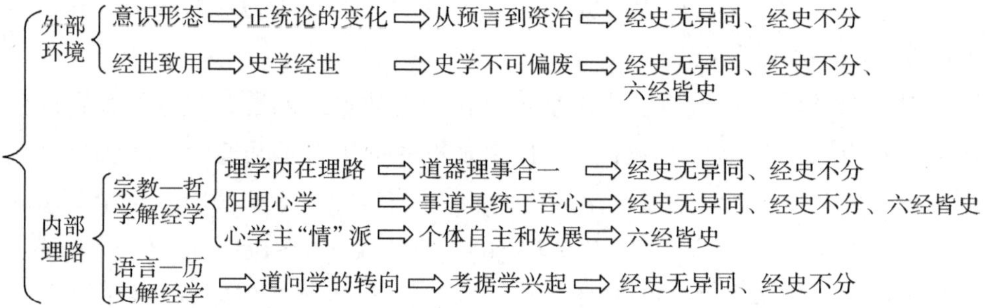

图一 "六经皆史"思想内涵演变图

王阳明在《传习录》中说：

> 以事言谓之史，以道言谓之经。事即道，道即事。春秋亦经，五经亦史。《易》是包牺氏之史，《书》是尧、舜以下史，《礼》《乐》是三代史：其事同，其道同，安有所谓异？……五经亦只是史，史以明善恶，示训戒。善可为训者，特存其迹以示法；恶可为戒者，存其戒而削其事以杜奸。（王守仁《王文成公全书》卷一《语录一·传习录上》）

[史]

在王阳明看来，“事”与“道”之间是对等的关系，“经”与“史”只是同一事物的不同方面。从“五经亦只是史”一言，能发现王阳明的“六经皆史”带有贬低经学的意味，进行更深层次的考察，大抵可知，王阳明的“六经皆史”本质上不是针对史学而言的，他提出这一命题，实质是为他的心学作张幕，目的是挽救程朱理学发展至明代中后期所呈现出的教条化趋势之积弊，并且把“道”与“人伦日用”结合起来，从而将因恪守程朱教条而渐趋末路的理学发展出一条“求六经之实于吾心”的新道路来，即心学，这就是王学强调的“知行合一”的根本缘由所在，其本质是对程朱理学的反动。王阳明说：

> 故六经者，吾心之记籍也，而六经之实则具于吾心，犹之产业库藏之实积，种种色色，具存于其家。其记籍者，特名状数目而已。而世之学者，不知求六经之实于吾心，而徒考索于影响之间，牵制于文义之末，硁硁然以为是六经矣。是犹富家之子孙，不务守视享用其产业库藏之实积，日遗忘散失，至于窭人丐夫，而犹嚣嚣然指其记籍曰：“斯吾产业库藏之积也。”何以异于是！（王守仁《王文成公全书》卷七《文录四·稽山书院尊经阁记》）

他以富家子弟“遗忘丧失”其产比喻“牵制于文义之末”且不知求其心之徒，辛辣地批判时人不知变通、脱离实际的为学之法，此语正是面对当时程朱理学被视作颠扑不破之“真理”，经学发展趋于僵化境地之现状“有所为而言之”的。

李贽在《焚书·读史》中亦对“六经皆史”这一命题有过论述：

> 经史相为表里经、史一物也。史而不经，则为秽史矣，何以垂戒鉴乎？经而不史，则为说白话矣，何以彰事实乎？故春秋一经，春秋一时之史也。诗经、书经，二帝三王以来之史也。而易经则又示人以经之所自出，史之所从来，为道屡迁，变易匪常，不可以一定执也。故谓六经皆史可也。（李贽《焚书》卷五《读史·经史相为表里》）

比起王阳明，李贽在这段话中“六经皆史”的论述对于经学的贬低则更加直白。“史”若不载以“六经”之“道”，则“是非颇谬于圣人”，诸如魏收所撰之《魏书》，凭借个人好恶随意对时人褒贬处置，又何以堪称“载六经之道”？倘若“经而不史”，则有违孔子自述《春秋》所以作之时“我欲托之空言，不如见诸行事之深切著明”的原则。在此基础上，李贽一针见血地指出了“春秋一经，春秋一时之史也”的经史关系，即“道”随“事”变，“道”随“史”变，挑明了“道”乃“变易匪常”之“道”。这种思想与先秦法家思想中的“治世不一道，便国不法古”有异曲同工之妙。在一定程度上，李贽的“经史关系”理论是对于王阳明“经史关系”理论的延伸发展。

李贽“史而不经，则为秽史矣，何以垂戒鉴乎？经而不史，则为说白话矣，何以彰事实乎？”的思想，在一定程度上可视作被章学诚继承了下来，因为两人有关“经”与“史”关系的具体论述，在逻辑上颇能相通。但是，应当注意的是，章学诚的立足点与李贽是完全不同的，章学诚只是继承了李贽的字面说法，而其对“六经皆史”的发展，则完全与李贽的用意相背离。章学诚对“六经皆史”这一命题较为集中的论述是在《文史通义·易教上》中，其言：

> 六经皆史也。古人不著书，古人未尝离事而言理，六经皆先王之政典也。或曰：《诗》《书》《礼》《乐》《春秋》，则既闻命矣。《易》以道阴阳，愿闻所以为政典，而与史同科之义焉。曰：闻诸夫子之言矣。“夫《易》开物成务，冒天下之道。”“知来藏往，吉凶与民同患。”其道盖包政教典章之所不及矣。……然三《易》各有所本，《大传》所谓庖羲、神农与黄帝、尧、舜，是也。《归藏》本庖羲，《连山》本神农，《周易》本黄帝。由所本而观之，不特三王不相袭，三皇、五帝亦不相沿矣。（章学诚《文史通义》卷一）

在这段话中，集中体现章学诚之经史观的，是“由所本而观之，不特三王不相袭，三皇、五帝亦不相沿矣”，这句话对“经”与“史”关系的论述，与李贽的观点不仅在逻辑上相通，在思想上亦有契合之处。李贽说：

> 故春秋一经，春秋一时之史也。诗经、书经，二帝三王以来之史也。

而易经则又示人以经之所自出，史之所从来，为道屡迁，变易匪常，不可以一定执也。（李贽《焚书》卷五）

二者的契合之处在于，李贽与章学诚的经史观中，都蕴含着“法无常法”“道无常道”的意涵。

但另一方面，两人对“六经皆史”进行讨论的基点与“六经皆史”理论构建的完整性与深刻程度是不同的：李贽提出“六经皆史”说实际上是为了挑战儒家正统思想的地位，这集中表现在他对六经内容之客观性的怀疑上，而章学诚则是经学的坚实拥护者，所以在提出“六经皆史”一说的意图上，李贽与章学诚可谓“截然两途，不相入也”；此外，章学诚对“六经皆史”理论的发展比李贽更深入。章学诚身处清朝，彼时西方自然科学已传入中国，中国学术亦非只有经学，尽管经学仍然占据着独尊地位，但其他学术，如历史理学、历算学、音韵学、史学等都在这一时期获得了空前发展，因此章学诚在崇“经”的同时，格外强调史学，这不仅与浙东学术一贯的学术特点有所联系，更与当时清朝强调实学的整体学术背景密不可分。章学诚是站在拥护经学而同时抬高史学的立场上，更加深入地对“六经皆史”这一命题进行理论建构——对“六经皆史”加以延伸，得到“六经皆器”这一命题的。与王阳明与李贽相较而言，王世贞的史学思想则与章学诚更加接近，王世贞与章学诚两人皆从史学着眼，皆看到“史”以载“道”的重要作用。王世贞认为：

天地间无非史而已。三皇之世，若泯若没。五帝之世，若存若亡。噫！史其可以已耶？六经，史之言理者也。（王世贞《弇州稿选》卷十二）

从这段话中，我们可以发现王世贞虽然没有直接提出“六经皆史”这四字命题，但是他的史学思想与章学诚所言“六经皆史”之意蕴是最为贴近的，二者皆是强调史学作为载“道”之“器”的重要性。

有许多学者认为章学诚的“六经皆史”说可以溯源至前代，而具体溯源至哪个时期这一问题在学界也多有争论。但笔者以为，“溯源”这种说法本身就是对章学诚“六经皆史”说之内在理路的忽视，何也？首先，从理论上分析，一代有一代之学术，这正是由于一代有一代之现实，中国古代历史上的每个朝代皆有各自的现实情况及其背后掩盖的社会问题，在此基础上，由于中国古代学术的“致用性”，可以说每一朝代学术都是针对具体的社会问题而发展出其独特的特点来——因此，学术不可能与现实完全脱离。当然，承认每一朝代学术的“独特性”，并不意味着否认历史发展的“共性”，某些的特定朝代之间总会有相似性；但是，以“发展的眼光”看，不可能存在某两个朝代是完全一模一样的，也不可能存在某两个朝代的学术完全相同。基于以上分析，再把理论落实到现实，章学诚的“六经皆史”必定是针对清朝的学术之弊端而提出的解决之法。“弊端”者何？当是清朝中叶“道”“器”分离的学术现状，其具体表现为汉宋之争。“汉宋之争”这四字反映出的，是清朝“汉”“宋”两个学术派别之间的门户之争，是门户之见成为鸿沟的外在表现，其本质上反映出“汉学”与“宋学”各自都偏离了“中道”，各自将某一学术方法推向运用的极端，而忽视了在治学中对其他合理方法的借鉴吸收。章学诚提出“六经皆史”说，根本原因与现实背景是“道”“器”分离的学术问题已经积弊深重——因此，章学诚的“六经皆史”可以视作针对这一特殊的学术弊病而给出的“治病良方”。从这个角度说，章学诚提出的“六经皆史”，更应该放到他所处时代的学术环境下考虑，仅对于“六经皆史”这四个字溯源，实际上远远不够，应该溯源的，是章学诚提出的“六经皆史”中的具体内涵，因为同样是“六经皆史”这四字，被不同人提出，它蕴含的具体内涵实则不同，溯源这四字所能反映出的只是章学诚从哪里借来这四个字来表达自己的概念罢了——真正具有更大的价值的是考察章学诚如何把“治病之药”融入“六经皆史”这四个字中的，以及“治病之药”中的“成分”是什么；从这一角度来说，王世贞的史学思想与章学诚是暗合的，或许我们可以沿着这条思路，即“六经皆史”的内涵，进行真正思想意义上的溯源，而非仅停留在字面的相似性上。

二、章学诚提出“六经皆史”的时代必然性

能够在纷繁的史事中，实现对“道”的把握，这是优秀历史学家的标准，

这个“道”在一定程度上等同于钱大昕所说“由声音、文字以求训诂，由训诂以求义理”中的“义理”，通“道”主要有两种途径，即存留过去之历史与洞见未来之可能：前者是对历史真相的探求与考据研究，从而对过去既定的事实作出合理解释，后者是通过对普适性“义理”展开带有哲学性质的研究，并以此为基础，试图对未来的图景作出推测与构拟。但两者之间并非有不可打破的屏障，杰出的史家往往能以古鉴今，以古度今，从而在现实中探得当世之“道”——章学诚正是其中之一，这点在其所言“六经皆史也。古人不著书，古人未尝离事而言理，六经皆先王之政典也”之中就有所反映。

在理想情况下，“事”“理”“文”互相依存、互为表里，“理”以“事”彰，“理”以“文”显，“事”以“文”明。但是现实中的多数情况下，考据、义理和辞章三种通经手段成为相互之间割裂的存在，不断以一种循环的方式，在各个时代占据主流地位，成为学术的“巨头”，这势必导致学术在一定程度上的偏废——有所得，亦有所失。就史学这一特定领域而言，其表现为在史家群体中“才”“学”“识”三者的碰撞或交融。章氏“六经皆史”的观点在某种程度上具有历史哲学的色彩，它并非一个方法论观点，而更类似于哲学领域的一个论题，其意为“六经皆器”，旨在宏观地揭示出经史关系——六经是“先王之政典”，亦是载以先世之“史”中所蕴之“道”的“器”。在章学诚看来，正确的得“道”之法是晓“经”以通先王之“道”，治“史”以求后世之“道”。“六经皆史”，即“六经”非“空言”，亦受制于现实和时代，而“史皆经”，“经”载有古之“道”，由此推断出：“史”载有古之“道”。

章学诚认为“六经”中的“政教典章人伦日用”之道，方为圣人垂教后世之道，这其中既包含着他对于“彼舍天下事物人伦日用，而守六籍以言道”的考据家们的批驳，亦涵盖着他对宋儒于“记诵之学，文辞之才”采取因噎废食之态度的批判——在他看来，这两者皆过于极端，其言：

> 子贡曰：“夫子之文章，可得而闻也。夫子之言性与天道，不可得而闻也。”盖夫子所言，无非性与天道，而未尝表而著之曰，此性此天道也。故不曰性与天道，不可得闻；而曰言性与天道，不可得闻也。所言无非性与天道，而不明著此性与天道者，恐人舍器而求道也。夏礼能言，

殷礼能言，皆曰“无征不信”。则夫子所言，必取征于事物，而非徒托空言，以为明道也。（章学诚《文史通义》卷二）

孔子不言“性与天道”，正是恐闇者会陷溺其中而不得自脱，是恐人走向“舍器而求道”的极端，故而所言事理皆“征于事物”，然而，却使另一个极端得以产生，如同章学诚在《文史通义·原道下》中所言：

曾子真积力久，则曰：“一以贯之。”子贡多学而识，则曰：“一以贯之。”非真积力久，与多学而识，则固无所据为一之贯也。训诂名物，将以求古圣之迹也，而侈记诵者，如货殖之市矣。撰述文辞，欲以阐古圣之心也，而溺光采者，如玩好之弄矣。异端曲学，道其所道，而德其所德，固不足为斯道之得失也。记诵之学，文辞之才，不能不以斯道为宗主，而市且弄者之纷纷忘所自也。宋儒起而争之，以谓是皆溺于器而不知道也。（章学诚《文史通义》卷二）

曾子是以自己平日积累之学，而渐致其道，斯可谓真“道”；然“非真积力久”者，若子夏之徒，亦以记诵之法“道其所道，而德其所德”，此则非真“道”与真“德”，是可谓“皆溺于器而不知道也”。从汉代一直到唐代发展出的烦琐注疏之学，即是“溺于器”之类。而针对“溺于器而不知道”的现实，宋儒则有所反思，但却渐渐走上了反向的极端，这从章学诚的描述中可见一斑：

夫溺于器而不知道者，亦即器而示之以道，斯可矣。而其弊也，则欲使人舍器而言道。夫子教人博学于文，而宋儒则曰：“玩物而丧志。”曾子教人辞远鄙倍，而宋儒则曰：“工文则害道。”夫宋儒之言，岂非末流良药石哉？然药石所以攻脏腑之疾耳。宋儒之意，似见疾在脏腑，遂欲并脏腑而去之。将求性天，乃薄记诵而厌辞章，何以异乎？然其析理之精，践履之笃，汉唐之儒，未之闻也。（章学诚《文史通义》卷二）

是以经学发展至清代，宋儒“薄记诵而厌辞章”与汉儒“记诵以阐古圣之心”两种治经方法的弊端皆有所显现。章学诚正是面对当时“义理”“博学”“文章”截然异途不相入的现状，提出其“六经皆史”的理论，其言：

> 孟子曰：“义理之悦我心，犹刍豢之悦我口。”义理不可空言也，博学以实之，文章以达之，三者合于一，庶几哉周、孔之道虽远，不啻累译而通矣。顾经师互诋，文人相轻，而性理诸儒，又有朱、陆之同异，从朱从陆者之交攻，而言学问与文章者，又逐风气而不悟，庄生所谓“百家往而不反，必不合矣”，悲夫！（章学诚《文史通义》卷二）

宋儒空言著述与汉儒烦琐考证的治经之道，皆非正途。道无恒道——六经之道、后世之道，是皆为“道”。“由器明道”是章学诚所认为的最佳求“道”之法；对于“原道”之途径，他则阐明如下：

> 训诂章句，疏解义理，考求名物，皆不足以言道也。取三者而兼用之，则以萃聚之力，补遥溯之功，或可庶几耳。而经师先已不能无抵牾，传其学者，又复各分其门户，不啻儒墨之辨焉。则因宾定主，而又有主中之宾，因非立是，而又有是中之非，门径愈歧，而大道隐矣。（章学诚《文史通义》卷二）

章学诚固然充满了“以史明道”的自尊与自信，却并不认为唯史明道，他的《原道》就旨在分别为义理、考据、辞章保留地盘，论证他们均为通向大道的学术门径——他尤其强调相济为用的必要性（刘巍《章学诚“六经皆史”说的本源与意蕴》）。这种学术上不拘门户的特点正是浙东学术所惯有的，如章氏所说：

> 浙东之学，虽出婺源，然自三袁之流，多宗江西陆氏，而通经服古，绝不空言德性，故不悖朱子之教。至阳明王子揭孟子之良知，复与朱子抵牾。蕺山刘氏本良知而发明慎独，与朱子不合，亦不相诋也。梨洲黄氏出

蕺山刘氏之门，而开万氏弟兄经史之学，以至全氏祖望辈尚存其意，宗陆而不悖于朱者也。惟西河毛氏，发明良知之学，颇有所得；而门户之见，不免攻之太过，虽浙东人亦不以为然也。（章学诚《文史通义》卷五）

诚如周启荣、刘广京两位先生所指出的，“这使中国知识分子未踏入‘现代’的阶段前，即已具备一种观念，可以从容接受专业知识及学术分工的观念”，章氏通过“可使六艺不为虚器”，“经史之不可判也，如道器之必不可分也”，“经之流变必入于史”，“贵约《六经》之旨而随时撰述以究大道也”，这些论述，表明“道”与“史”之不可分离，应当由流溯源——由“六经”以究先王之世的大道，由后世之史以究各世之大道。

三、章学诚“六经皆史”的具体内涵

（一）“六经皆史”与“六经皆器”

在使用“六经皆史”这一概念以抬高史学地位这一层面上，章学诚可谓第一人，他不仅提出“六经皆史”的观点，还进行了理论化建构。他已明确地将“六经皆器”的概念蕴于“六经皆史”的理论体系之中，从而在史学领域，以理论的形式推进了“六经皆史”这一命题的具体运用，其言：

《易》曰：“形而上者谓之道，形而下者谓之器。”道不离器，犹影不离形。后世服夫子之教者自六经，以谓六经载道之书也，而不知六经皆器也。《易》之为书，所以开物成物，掌于《春官》太卜，则固有官守而列于掌故矣。《书》在外史，《诗》领太师，《礼》自宗伯，《乐》有司成，《春秋》各有国史。三代以前，《诗》《书》六艺，未尝不以教人，非如后世尊奉六经，别为儒学一门而专称为载道之书者。（章学诚《文史通义》卷二）

章学诚能够客观地将“《诗》《书》六艺”视作“三代以前”教化之“器”，反对后世将“六经”神圣化与教条化的方式，这是他超越前人之处，更是他对于“别为儒学一门”有“经”以载道、然“经学”已趋于僵化之现状的有力批判，其言：

韩退之曰：“由周公而上，上而为君，故其事行；由周公而下，下而为臣，故其说长。”夫说长者，道之所由明，而说长者，亦即道之所由晦也。夫子明教于万世，夫子未尝自为说也。表章六籍，存周公之旧典，故曰：“述而不作，信而好古。”又曰：“盖有不知而作之者，我无是也。”“子所雅言，《诗》《书》执《礼》”，所谓明先王之道以导之也。非夫子推尊先王，意存谦牧而不自作也，夫子本无可作也。有德无位，即无制作之权。空言不可以教人，所谓无征不信也。教之为事，羲、轩以来，盖已有之。观《易·大传》之所称述，则知圣人即身示法，因事立教，而未尝于敷政出治之外，别有所谓教法也。虞廷之教，则有专官矣；司徒之所敬敷，典乐之所咨命；以至学校之设，通于四代；司成师保之职，详于周官。然既列于有司，则肄业存于掌故，其所习者，修齐治平之道，而所师者，守官典法之人。治教无二，官师合一，岂有空言以存其私说哉？（章学诚《文史通义》卷二）

章学诚宣扬“六经皆器”的本旨，并非贬经，而是强调“六经”皆“器”，即“政教典章人伦日用”，于“道”不可或缺，其于《文史通义·易教上》中说：

六经皆史也。古人不著书，古人未尝离事而言理，六经皆先王之政典也。（章学诚《文史通义》卷一）

“六经”本质为周官掌故，奈何在历史的长河中，本是贴近“人伦日用”之实“器”，却渐渐偏离了它的“正途”，走上了不断虚化、不断神圣化的道路，一路从周代行至清代，最终完全脱离实际，变成“神像”般的存在，仅仅供人瞻仰。此真可谓令人唏嘘。然而身处于那个时代，常人往往“不识庐山真面目，只缘身在此山中”，无法意识到“经学”发展至此，已是亟待纠偏。但章学诚正是独具慧眼之人，他以毒辣的眼光看出了经学之弊，迫切欲纠诸正轨，其言：

> 儒家者流，尊奉孔子，若将私为儒者之宗师，则亦不知孔子矣。孔子立人道之极，岂有意于立儒道之极耶？儒也者，贤士不遇明良之盛，不得位而大行，于是守先王之道，以待后之学者，出于势之无可如何尔。人道所当为者，广矣，大矣。岂当身皆无所遇，而必出于守先待后，不复涉于人世哉？学《易》原于羲画，不必同其卉服野处也。观《书》始于虞典，不必同其呼天号泣也。以为所处之境，各有不同也。然则学夫子者，岂曰屏弃事功，预期道不行而垂其教邪？（章学诚《文史通义》卷二）

针对当时抛弃旧典而不切实际地空言义理与死守经籍不敢与圣人相违，两种“截然两途不相入”，却同样积弊深重的治经方式蔚然成风的现象，他痛心疾首。一代有一代之“器”，以载一代有一代之“道”，他认为“道”不是恒定不变的，同样“经”亦非只有先王之典，“器”常变，“道”亦常变。

（二）“六经皆史”与“经世致用”

章学诚的“六经皆史”与“六经皆器”实际上并非纯粹意义上的哲学命题。当然，中国古代的哲学也从未完全“形而上”，总是或多或少带有“致用”的意味。然而在章学诚这里，“六经皆史”更加具有实际功用——这在一定程度上反映出浙东学术的固有特点。章学诚的“六经皆史”，是为了使“史”之“器”的功用得以彰显——“器”自然地具有致用性——由此将“经”导向致用之途。因此，章氏的“六经皆史”之本质为“经世致用”。以上是在理论层面对“六经皆史”中“经世致用”的呈现进行分析。

在具体层面，“六经皆史”是如何体现“经世致用”的呢？在明六经所载之道后，要把目光扩大至以后，乃至当世之史，即不拘泥于传统的“经”，因为那仅仅是局限于特定时代的有限之“道”。章氏在《文史通义·原道中》里说：

> 然而历代相传不废儒业，为其所守先王之道也。而儒家者流守其六籍以为是，特载道之书耳，夫天下岂有离器言道，离形存影者哉！彼舍

天下事物人伦日用，而守六籍以言道，则固不可与言夫道矣。（章学诚《文史通义》卷二）

他认为“道不尽在六经”，“六经”仅是载一“道”之一“器”罢了，“六经”以外，仍有其他的“道”值得儒者探求并致用，因为“六经皆史”，“六经”之史载“六经”之道，除此以外，还有后世之史，是亦为载道之“器”，其中亦有“道”。章氏的这种思想更为开阔，他看到了世界的变化不齐，即“史”之不齐，以及其中蕴含的“不齐”之“道”，即变化之“道”。换言之，章学诚是用变化的、发展的眼光看待世界与历史的。这才是一个真正的史家。

结　语

尽管“六经皆史”这一概念在章学诚之前就有学者提出，但章氏之观点实际蕴含的意义与所具有的价值则与前代学者的“六经皆史”之论截然不同，而具体的思想意蕴则似乎可追溯至明之王世贞。章学诚的“六经皆史”说，在解决清中叶“道”“器”分离这一学术弊端上具有开创性理论价值，同时赋予了“六经皆史”以“六经皆器”的时代内涵，体现出其“经世致用”的学术价值。这反映出章学诚并非一个纯粹的道学家，他的理论中具有很强的现实性特征。章学诚对于“六经皆史”说的提出，与其所处时代具有密不可分的联系，经学发展至清中叶时期，已经走向僵化，汉学与宋学的门户之见更进一步加深了“道”“器”分离这一学术弊病的严重程度。正是因为明代以来浙东学术对于“天人性命之学，不可以空言讲也”的强调，及其“言性命者必究于史”的学术传统，章学诚既是偶然、也是必然地提出了“六经皆史”这一理论——这是在学术史上的开创性贡献。笔者之所以不认为章学诚之“六经皆史”是“重提旧事”，是因为章氏是基于现实之学术“有所为而言之”，他的“六经皆史”说，是基于想要改变“道”“器”分离之现状的迫切心情而对“六经皆史”命题进行的重新改造。

（作者单位：山东大学尼山学堂）

渔樵何以入史？

——“渔樵史学”学术史梳理及方法论反思

彭仕正

一、渔樵史学的学术史梳理

渔樵，顾名思义，意指打鱼砍柴，也借指从事打鱼砍柴的人，即渔夫和樵夫。本文所论说的“渔樵”，多指渔夫和樵夫。在古代，居于山水的渔樵（渔夫与樵夫），既是生活中多见的劳动者，也是出现在文人诗词、画作与歌曲中的常客。相关诗词略举一二：

胡羯何多难，渔樵寄此生。（杜甫《村夜》）

沧江白石渔樵路，日暮归来雨满衣。（李商隐《访隐者不遇成二绝》）

看五湖、今夜只边舟，追千古。怀往事，渔樵侣。曾共醉，松江渚。（范成大《满江红》）

故人小驻平戎帐，白羽腰间气何壮，我老渔樵君将相。（陆游《青玉案·与朱景参会北岭》）

在诗词中，渔樵往往呈现出不屑于功名利禄、生活自由自在的逍遥形象。画作与歌曲中的渔樵亦是如此。马远《寒江独钓图》、许道宁《渔父图》、吴镇《渔父图》、余集《雪渔像》等都是刻画渔樵的典型画作。元代吴镇的《渔父图》描绘了一位荡舟垂钓的渔父，其洒脱自得的形象在山水草

（元）吴镇《渔父图》 故宫博物院藏

木之间自然流出，画面一侧有题跋诗云："西风潇潇下木叶，江山青山愁万叠。常年悠悠乐竿线，蓑笠几番风雨歇。"曲作《高山流水》《渔樵问答》以琴声传递了渔樵之象。樵夫钟子期识得伯牙曲中深意，辨得山水之音，"峨峨兮若泰山""洋洋兮若江河"（《列子·汤问》）。尽管后人常常赞颂《高山流水》中的知音难得，但其所隐含的山水之意同样重要。《渔樵问答》，其曲意为"汉家事业空流水，魏国山河半夕阳。古今兴废有若反掌，青山绿水则固无恙。千载得失是非，尽付渔樵一话而已"，此曲透露着历史的沧桑感，也将山水渔樵展现得淋漓尽致，"山之巍巍，水之洋洋，斧伐之丁丁，橹声之欸乃，隐隐现于指下"。〔（清）陈世骥《琴学初津》〕除此之外，清代江左樵子创作的《樵史通俗演义》将樵夫与明代晚期的历史结合起来，反映当时的社会矛盾，揭示明代灭亡的原因，作者在序言中如是写道：

> 樵子日存山中，量晴较雨，或亦负薪行歌。每每晴则故人相过，携酒相慰劳，雨则闭门却扫，昂首看天。一切世情之厚薄，人事之得丧，仕路之升沉，非樵子之所敢知，况敢问时代之兴废哉？然樵子颇识字，闲则取《颂天胪笔》《酌中志略》《寇营纪略》《甲申纪事》等书，销其岁月。或悄焉以悲，或戚焉以哀，或勃焉以忠，或忾焉以惜，竟失其喜乐之两情，久而樵之以成野史。不樵草、樵木，而樵书史，因负之以售于爨者。放声行歌，歌曰：山迳兮萧萧，山风兮刁刁。望旧都兮迢迢，思贤人兮焦焦。舟子兮招招，须友兮聊聊。心旌动兮摇摇，樵斧荒兮翘翘。醉起兮朝朝，醉眠兮宵宵。好鸟兮鸣条，好花兮未雕。容与兮逍遥，聊且兮为此中之老樵。吁嗟乎！山中之老樵。

渔樵见于诗词画曲之中，也见于通俗小说之中，自然常为文学家、艺术家所津津乐道，近人对渔樵的研究也大多是在文学艺术意象的层面，尤其强调作为隐逸符号的渔樵。张文江率先阐发了渔樵与历史的关系，指出渔樵能够看破纷繁复杂的历史局势，所谓旁观者清，“鼎足三分半腰折，魏耶？晋耶？”（《双调·夜行船·秋思》）他在《古典学术讲要》一书中批驳了阿伦特“人的东西是可朽的”这一观点，认为在中国文化中历史是不朽的，融入历史的人们也是不朽的。张文江借“青山青史谁千古，输于渔樵话未休”说明青山与青史是相互竞争的，并不能下定论说究竟哪一个不朽。无论是青山还是青史，都化作了渔樵的谈资，在渔樵的谈论中青山与青史得以同辉，得以实现意义的彰显，张文江便说“渔樵就是中国的哲学家”。但为什么偏偏是渔樵？张文江总结道，“渔樵关涉人类文化最基础的根源”，因为“渔就是食物，樵就是能量……食物和能量，提供了人类最基础的生存条件”。既然渔樵熟知人类生存之基，那么渔樵的闲谈就有资格作为不朽之源。张文江虽有开先河之功，但其论述较为零散，缺乏系统性，并没有真正上升到历史哲学的高度，而赵汀阳做到了这一点。

赵汀阳在《历史、山水及渔樵》以及《渔樵与历史哲学》两篇文章中详细论述了历史、山水与渔樵三者之间的关系，第一次提出并阐发了“渔樵史学”的概念，随后在《历史·山水·渔樵》一书中作出了更为系统更为详细的论述。赵汀阳的论述视角超越了文学艺术的局限，甚至也不单单是历史哲学层面，而是从第一哲学的角度审视历史、山水与渔樵。大多数哲学家以存在（being）或我思（cogito）作为思考的根基，但在赵汀阳看来，存在或我思不足以担当一切哲学的奠基者，而制造并反思所有问题的我行（facio）才有资格成为第一哲学的支点，这意味着有关事的哲学才真正有可能成为第一哲学。西方哲学中有着究极事物本体论（ontology）的传统，可问题是人并非创世者，只是世界的参与者，探索终极之理本身就是人的僭越。与西方哲学传统不同，事的世界是中国哲学关心的首要问题，几乎对终极之理毫无兴趣，因为即便将其探明了，也无济于人事，何况人并没有把握终极的能力，所谓“天道远，人道迩”（《左传·昭公十八年》）。“人事有代谢，往来成古今”，无穷无尽的人事构成了古往今来的历史，作为思想奠基性问题的人事造就了“历史为本的精神世界”，因此天道与人道在中国思想里实现了合一，因此我们有理由说历史哲学是中国的形而上学，更是中国的第一哲学。在此基础上，赵汀阳进一步探讨了历史性的问题，“所谓历史性，就是一种文明创造和组织自己的时间的方式，即化时间为历史的方式”（赵汀阳《历史·山水·渔樵》）。组成时间的方式在于意义链和问题链，即人事的意义关联和问题关联，“意义链的功能在于精神基因的自身肯定、复制、强化和深化，使一种文明虽经变易而能够保持其所是；问题链的作用则在于一种文明对自身基因的自我反思、更新和创造，使一种文明在保持其所是的情况下能够不断维新”（赵汀阳《历史·山水·渔樵》）。正是历史性的存在，时间的无穷可能性才有可能展开，使得时间并不仅仅是似水年华，探求历史性、追问历史之道便是“通古今之变”的应有之义。历史以形而下的有限性通乎形而上的无限性，但谁来见证青史的这一无限性？历史中毕竟充满了尔虞我诈、你争我斗，身处人事的人们斤斤算计、蝇营狗苟，在有限性的棋局中看不破历史的无限性，在这个意义上说仅仅靠历史还不能真正担纲起超越性的使命。世俗的社会将天道湮没，那么映衬于大地的天道将何处容身？答案是山水。尚未社会化的山水，仍然处于自然的状态，道借山水之象而显形，所谓“道法自然”，山水也就成为“道之所存”。“人世几回伤往事，山形依旧枕寒流”，相对于历史，山水既是无法撼动的空间存在，又是无限延展的时间存在，是世俗人事的超越所在，也构成了一切历史的超越所在。渔樵居于山水之中，将山水之性内化于心，山水的超越性化为其自身的主体性，渔樵借以笑谈历史。

多少六朝兴废事，尽入渔樵闲话。（张昇《离亭燕》）

古今多少事，渔唱起三更。（陈与义《临江仙》）

渔樵见了无别话，三国鼎分牛继马。兴，休羡他。亡，休羡他。（陈草庵《山坡羊·江山如画》）

想秦宫汉阙，都做了衰草牛羊野。不恁么渔樵无话说。纵荒坟横断碑，不辨龙蛇。（马致远《双调·夜行船·秋思》）

千古是非心，一夕渔樵话。（白朴《庆东原》）

渔得鱼心满意足，樵得樵眼笑眉舒。一个罢了钓竿，一个收了斤斧，

林泉下偶然相遇，是两个不识字的渔樵士大夫。他两个笑加加的谈今论古。（胡绍开《沉醉东风》）

滚滚长江东逝水，浪花淘尽英雄。是非成败转头空。青山依旧在，几度夕阳红。　　白发渔樵江渚上，惯看秋月春风。一壶浊酒喜相逢。古今多少事，都付笑谈中。（杨慎《临江仙》）

渔樵之所以能够笑谈，得益于其置身事外的沧桑感，可以说笑谈彰显了超越利益之外的洒脱境界，而爱恨情仇往往因为利益纠葛而产生。青山之永固与流水之变化，暗示着不变与万变之道，使得渔樵以无限性的尺度观照有限性的历史，以超越性的维度审视世俗性的人事。在山水的赋能下，渔樵并不在乎具体的历史考证，而是关心历史何以如此，以言语的无穷追赶历史的无限，拒绝“历史的终结”而敞开历史的可能，所谓“时间流不尽，渔樵话不休”，这便是渔樵史学。赵汀阳将历史、山水与渔樵三者巧妙地关联起来，试图以山水、渔樵之象理解中华文明的密码，在渔樵史学的阐发方面作出了实质性的突破，进而建构了一套历史形而上学。赵汀阳的叙述并不仅仅局限于文学的解读，也没有局限于历史的求证，更没有局限于哲学的阐释，而是将三方面综合起来，可以说是从哲学的维度、借文学的材料、讲历史的故事，在宏观层面审视历史、山水与渔樵的互动，论述意象之间的互相生成。

赵汀阳之后，王茜、张志强、孙飞、程广云等人相继参与到渔樵史学的讨论之中，但这些讨论都是对赵汀阳观点的补充、说明与阐释，并没有实现真正重大性的突破。王茜指出渔樵史学与超越山水并不真实存在，是基于文人的作品阐释出来的，可以说是对加工的再加工。她引用了伽达默尔对历史的表述，“真正的历史对象根本就不是对象，而是自己和他者的统一体，或一种关系，在这种关系中同时存在着历史的实在以及历史理解的实在”，进而论述了诗画入史的合理性，“诗画入史的可行性并不取决于艺术作品是否如实地再现或反映了历史真实，而是取决于阐释者能否将艺术作品中的相关描写恰切地穿插嵌入作为直接证据的历史材料中”（王茜《渔樵三问——评赵汀阳〈历史·山水·渔樵〉兼论诗画如何入史》）。张志强认为在世而又出世的超越山水，并不仅仅对应渔樵这一种方式，“历史之道并不只对应渔樵一种位置和态度”（赵汀阳、张志强等《当代中国哲学五人谈——从〈历史·山水·渔樵〉说起》）。孙飞高度评价了赵汀阳的历史形而上学思想，指出赵汀阳将存在论问题由万物本源换位为人的生活世界，并尝试以有限的人事回应无限的存在。与此同时，孙飞比对了中西史学，历史（history）的希腊词源historia大致意味着人们对于具体对象的亲身调查、研究与记录，因为“自然观念构成了希腊人的存在经验”，所以“他们的历史研究就与科学类似，也即通过符号来探讨存在的事物与永恒自然的相关性，随之将不可避免的偶然性重新整合到有秩序的宇宙（cosmos）中去”。（孙飞《重构形而上学化的“历史”概念》）在中国的观念中，历史构成了生活世界之本，内含着存在之道，进而构成了存在的意义，所谓“六经皆史”（《文史通义·易教上》），而渔樵史学就代表着经史一体式的历史哲学，“为历史的精神带来了一条由时间进入永恒的通道，在此意义上，它就是面向未来的史学”（孙飞《重构形而上学化的“历史”概念》）。孙飞的评价似乎有些过誉，但可以肯定的是渔樵史学的精神应当被吸收到未来的历史理论之中。程广云着重论述了渔樵作为旁观者的形象，尝试借听众的统治权来说明渔樵述史的重要意义，但他对渔樵的理解并不精确，忽略了渔樵背后所依的山水尺度。

总的来说，目前学界对渔樵史学的讨论并不是很多，且大多是从哲学角度进行分析。如王茜所说，渔樵史学是后人阐释而形成的，但也并不能以此就否定作为超越形象的渔樵的真实性，因此我们需要追问：渔樵史学有多少是真实的？多少是阐释的？经过阐释而形成的史学有多大的说服力？如何评价史学建构中文本阐释的方法论？

二、真假渔樵

作为超越之地的山水，与世俗之地的人事互为对照，是世间之人所共享的精神世界，而非渔樵所独有，更进一步说，渔樵也是超越其自身的精神之象。作为意象的渔樵将功名利禄超然度外，以大历史的尺度谈今论古，但是这与渔樵的真实生活相去甚远。作为劳动者的渔樵，并非有闲阶级，甚至有时食不果腹、衣不蔽体，生活十分艰辛。

卖炭翁，伐薪烧炭南山中。满面尘灰烟火色，两鬓苍苍十指黑。卖炭得钱何所营？身上衣裳口中食。可怜身上衣正单，心忧炭贱愿天寒。夜来城外一尺雪，晓驾炭车辗冰辙。牛困人饥日已高，市南门外泥中歇。翩翩两骑来是谁？黄衣使者白衫儿。手把文书口称敕，回车叱牛牵向北。一车炭，千余斤，宫使驱将惜不得。半匹红绡一丈绫，系向牛头充炭直。（白居易《卖炭翁》）

江上往来人，但爱鲈鱼美。君看一叶舟，出入风波里。（范仲淹《江上渔者》）

渔樵或伐薪烧炭，或出入风波，早出晚归，辛勤劳作，即便如此，“身上衣裳口中食”得不到保障，还不免被官府剥削。对于渔樵来说，生计问题尚未解决，所思所想无外乎柴米油盐酱醋茶，何谈“六朝兴废事”（《离亭燕·一带江山如画》），更何谈“一笑人间今古”（《渔父·渔父醒》），又怎会有探求历史之道的兴趣呢？渔樵的超越形象来自文人的建构，试看：

尝怜古图画，多半写樵渔。（林逋《小隐自题》）

呵冻提篙手未苏，满船凉月雪模糊。画家不识渔家苦，好作寒江钓雪图。（孙承宗《渔家》）

吟诗作画、吟风弄月的文人，不曾真正体会过渔樵的艰辛，愚夫愚妇才是渔樵的本来面目。当然这并不排除渔樵中存在“超越世事利益而不动心”的智慧小众，但他们或为得道高人，不过以打鱼砍柴为生。以仕进平天下为追求的文人，往往在落魄之时寄情山水，羡慕渔樵，于是便在诗文画作中刻画出渔樵超然闲适的形象，以抒发自己的悲愤、排解自己的忧愁。赵汀阳指出文人化的渔樵比劳动者渔樵多出了“出世感”“自由自在”，但是“渔樵并没有藐视功名，只是无意于功名；也不是故意出世，事实上也没有出世，只是显得出世”。（赵汀阳《历史·山水·渔樵》）也就是说渔樵没有得失之心、分别之心。但如果是这样，市井中的得道高人，与山水之中的渔樵无异，甚至显得更加高明，所谓“小隐隐陵薮，大隐隐朝市”（《反招隐诗》)。若深究之，赵汀阳所论述的渔樵也只不过是他的直观建构，何况他的建构依赖的是文人的想象之作。真实的渔樵无外乎普通大众，谈不上超越，也谈不上无分别之心。山水也好，渔樵也罢，只不过都是精神之象，代表着超越的维度，但真正的超越从不假于外物，只在乎一心，试看陶渊明的诗句“结庐在人境，而无车马喧。问君何能尔？心远地自偏”(《饮酒·结庐在人境》)。

三、渔樵史学的意义

渔樵只不过是劳动者，文人化渔樵离真实渔樵远了一步，渔樵史学走得就更远，而原本的渔樵在观念阐释之下早已“面目全非”。虽然如此，我们也并不能否认文人化渔樵与渔樵史学在观念层面的真实性，这种真实性不是绝对客观实在，而是在观念塑造的作用下形成的“合成实在”，因“信”而“真”，“真”的效力取决于“信”的汇聚。文人化渔樵在千百年的诗文流传中已然化作了中国人的共同想象，因公共性而获得客观性；渔樵言说历史，早已化为大众的观念，“古今多少事，都付笑谈中”至今仍然时时冲击着人们的心灵，唤起历史的沧桑感；而渔樵史学在历史哲学领域初露锋芒，尚未形成普遍认同的社会想象，但其揭示的历史形而上学法则具有重要的启发意义，并且有着充足的潜力成为公共阐释的新范式。

历史具有不可复制性，即便有众多的史料可以凭依，我们也没有能力完全还原真实的历史，因为史料之间不可避免地存在着缝隙，我们并不能在已知史料中完整地建立起关联。但是史料的缝隙给我们留下了阐释的空间，于是观念参与到历史的建构之中，塑造出我们赖以生活的世界，正如马克思指出的那样“被理解了的世界本身才是现实的世界”。但是历史阐释不能够脱离历史事实而任意发挥，应当“出于拟想，绝非创想；立足于真实，而非事实；立足于表现，而非再现”(李红岩《从阐释学到历史阐释学：何为历史的“正用”》)。否则就沦为了“过度阐释”，并往往因其牵强附会而变成“私人阐释”，最终丧失其效力。史料与阐释的互相生成，正是史学日新又新的动力，进而在新的历史叙事之中为意义敞开无限的可能性，促进意义的更新迭代。仅有史料而无阐释，那么历史仅仅是残存的断断续续的碎片，无法建立起连续性的意义与整全性的理解；仅有阐释而无史料，那么历史就完全变为了己意的阐发，也就无从区分历史与小说、history与story。

传统史学家对于史料的阐发，大多停留在对细节的补充完善，《左传》中对鉏麑自杀的描写便是典型的案例。“宣子骤谏，公患之，使鉏麑贼之。晨往，寝门辟矣，盛服将朝。尚早，坐而假寐。麑退，叹而言曰：‘不忘恭敬，民之主也。贼民之主，不忠；弃君之命，不信。有一于此，不如死也。’”（《左传·宣公二年》）对鉏麑这一段自言自语的记录，未必是事实，但立足于赵盾忠君与鉏麑自杀的真实，通过文学化的手笔突显了人物形象，增加了文本的可读性，更重要的是展现了史家书写的魅力与历史建构的可能性。传统史家似乎并不屑于诗词书画这些文艺作品，但赵汀阳却据此建构出一套新叙事——渔樵史学，将阐释从具体细节的完善拓宽到意义向度的丰富，揭示了历史形而上学的法则，可以说渔樵史学实现了“创造性阐释”，是当代历史阐释学的典范。此外，渔樵史学并不仅仅是史学的新提法，更意味着一套方法论原则：（1）历史学不能仅仅局限于考证事实的层面，历史阐释所蕴含的哲学思想为史学发展提供了重要动力；（2）历史阐释的材料不限于传统史学著作，文学艺术、哲学思想甚至建筑遗迹等都可以作为历史阐释的基点；（3）历史阐释需要丰富的想象力，综合运用多种视角，但并不能脱离真实。渔樵是中华文化中的一个典型意象，在渔樵之外，还有大量可供阐释的资源，包括但不限于古典史学名著、通俗历史小说等作品，以创造性阐释为动力进行探索，对于史学史的发展具有重要的意义。此外，渔樵史学还提示我们要注重从下层民众的视角审视历史与社会，例如与作为官员的赵翼相比，作为百姓的赵翼比此前的思想更为深刻，这其中深层次的原因是下层民众的身份赋予了其超然物外的视角与格局，使其历史眼界更为开阔，所谓“学于众人，斯为圣人”。

渔樵史学的意义并不仅仅在史学领域，在哲学领域亦有所体现。中西哲学思想的差异是渔樵史学的直接背景，西方哲学倾向于认为人类不能够同自然一起不朽，而在中国文化里人类可以借历史以实现不朽，“青山青史谁千古，输于渔樵话未休”。赵汀阳曾经给法国历史学家弗朗索瓦·阿赫托看过

《历史、山水与渔樵》一文，但是阿赫托感到十分不解，他并不明白历史为什么要让渔樵来言说，也不明白青史与青山的对应关系，这体现的东西方历史意识的差异。在更深层次上，渔樵史学反映的是中西对本体论（ontology）认识的巨大分歧。在西方哲学传统中，本质世界与现象世界是一个最基本的问题，哲学家总是试图去理解本质世界，但是本质世界真的存在吗？如果存在，他对现象世界有何作用？这些都是人类无法回答的问题，因为我们没有足够的能力去触及所谓的本质世界。受西方哲学的影响，本体论一直被当作哲学的本质特征，但是中国哲学中对本体论罕有讨论，以至于引发“中国有无哲学”的讨论。渔樵史学试图揭示以历史为本的思想世界有着丰富的意义向度，并试图说明历史哲学有能力成为形而上学，以此来证明中国哲学本身自足的合法性。在一定意义上，我们可以说渔樵史学是中国哲学走向世界的一次积极尝试，也是建立植根中国本土的理论范式的有益探索。

（作者单位：山东大学尼山学堂）

日廷图研究再探

朱含冰

带有《日书》的简帛很多，前人已有总结，但都不够完全。笔者将搜录结果列如下：九店楚简、睡虎地秦简、放马滩秦简、岳山秦简、周家台秦简、岳麓书院藏秦简、悬泉汉简、武威汉简、尹湾汉简、香港中文大学藏汉简、虎溪山汉简、孔家坡汉简、马王堆汉帛、肩水金关汉简、杜陵汉牍、胡家草场汉简等简帛中的《日书》皆有书目刊布；子弹库楚帛书、上博秦简、王家台秦简、里耶秦简、北大秦简、敦煌汉简、居延汉简、额济纳汉简、阜阳汉简、印台汉简、水泉子汉简、周家寨汉简等简牍中《日书》内容尚未完全刊布或已残缺，只能从李学勤与刘乐贤、张存良等人的文章中窥其面目；而诸如张家山汉简、张家山327号汉墓竹简、睡虎地77号汉墓简牍、八角廊汉简、北大汉简等简牍中的《日书》，其内容尚未公布，只有发掘报告中的模糊描述。

日廷图是常见于《日书》的一类图表，其排布方式与当时的式盘有诸多相似之处。目前公布的完整图像，见于放马滩秦简、周家台秦简和孔家坡汉简。此类篇目在放马滩秦简与周家台秦简中未见篇名，而在孔家坡汉简中有标题“日廷”二字，因此称“日廷图”。据北大汉简所放出的图片来看，北大汉简中也有相关内容。根据陈侃理的报告，北大秦简中也有类似内容，且标题为“日廷”。

董涛的《秦汉简牍〈日书〉所见“日廷图”探析》认为日廷图来源于古代宇宙图示，黄儒宣的《〈日书〉图像研究》对日廷图有过相关讨论，他认为日廷图在当时是用于推算的。晏昌贵的《楚地出土日书三种分类集释》对日廷图讨论不出二者之外。

日廷图中十二干支图的基本框架被称为“勾绳图”。《淮南子·天文》中有“子午，卯酉为二绳，丑寅、辰巳、未申、戌亥为四钩”的说法，即以子、午、卯、酉四个地支所在方位连成两条互相垂直的线，又将丑寅、辰巳、未申、戌亥八个地支分别组成四角称“四钩”。《淮南子》用这种图画表示北斗斗柄所指的方位，而北斗所指的方位一直是与时间联系的，因此勾绳图上的方位又与时间及依时间划分的阴阳衰旺有关。《管子·宙合》也有类似的说法：“怀绳与准钩，多备规轴，减溜大成，是唯时德之节”，或许是以勾绳图表示四季。

日廷图之所以特殊，是因为它不仅在《日书》中出现，在秦汉简的许多式图中也有它的影子。

一、周家台秦简日廷图

周家台秦简图表如下：

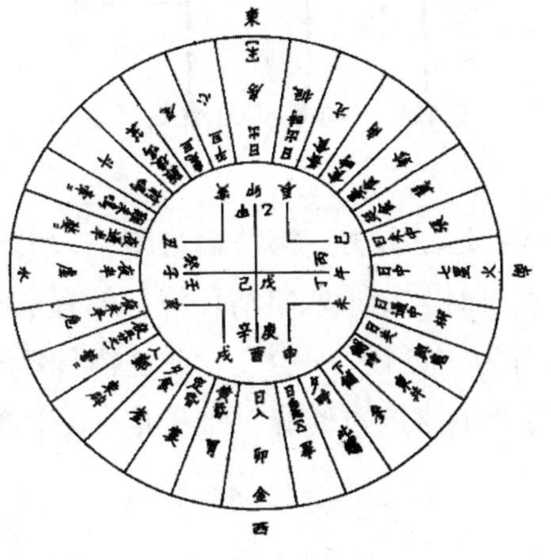

图一

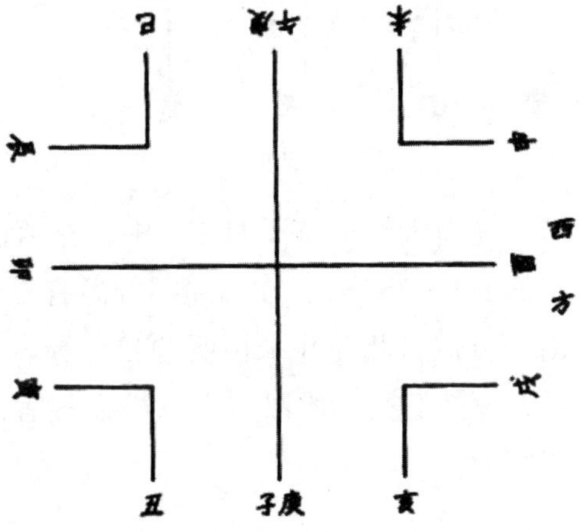

图二

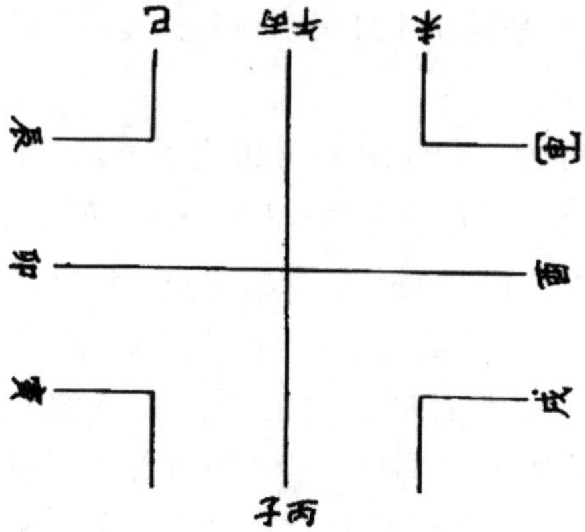

图三

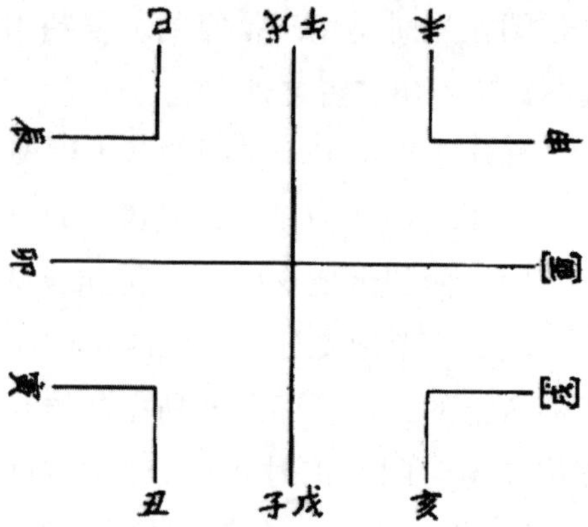

图四

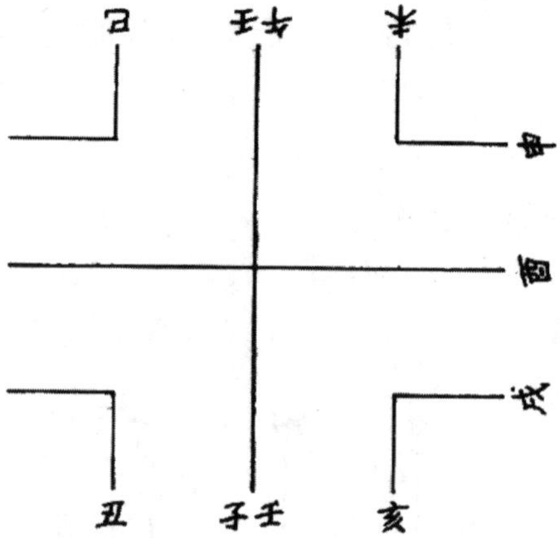

图五

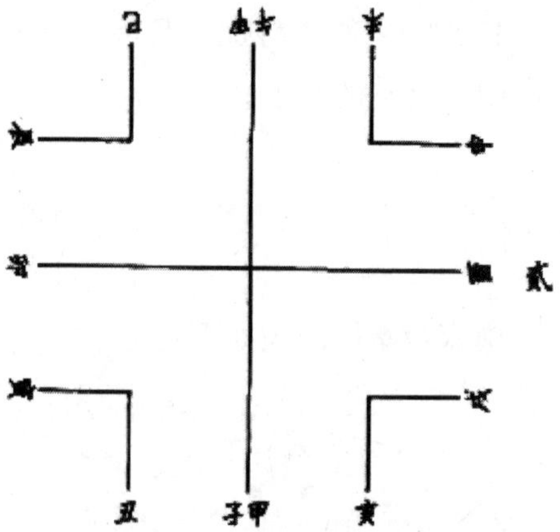

图六

在周家台秦简《日书》中，有两篇与日廷图有关。第一篇为图一，出现于简156—181号，在勾绳图外另有二十八日时与二十八星宿环绕，外有东西南北方位。此篇并未标明题目，释者标目为“线图（一）”。在这幅日廷图后，紧接着是一段以二十八星宿各宿为题首的吉凶占验辞，每星宿一条，如翼宿为：

翼：斗乘翼，门有客，所言者，行事也。占狱讼，已；占约结，成；占逐盗、追亡人，得；占病者，有瘳；占行者，已发；占来者，亟至；占市旅，吉；占物，青黄；占战斲，胜。

第二、三、四篇分别为图二，图三、四、五与图六，依次出现于简266—279号、简281—293号和简296—308号，释者分别标目为“线图(二)、(三)、(四)”。这三篇的图表差别较小，只是在子位与午位标注了不同的甲子。

马王堆帛书中有《刑日》一篇，内容与此接近。

马王堆帛书《式图》如下：

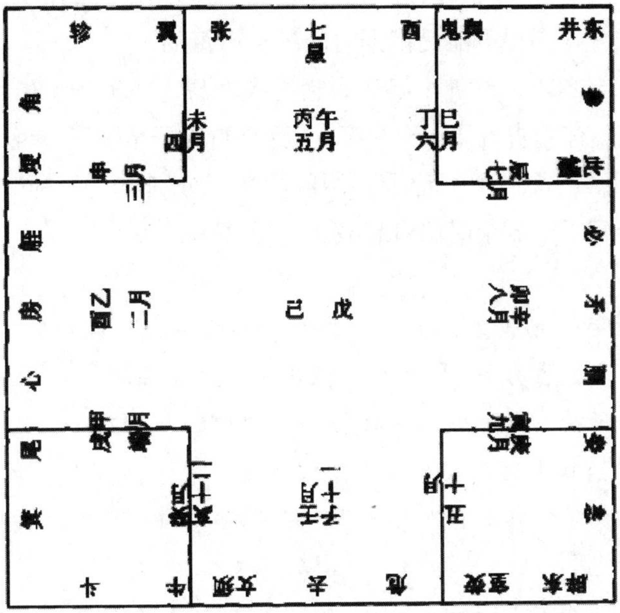

图七

彭锦华与刘国胜合著的《沙市周家台秦墓出土线图初探》对图一作了部分探讨。他们认为，这幅图或许是早期式图，代表了秦时的式。且在此篇简文之后，紧接着的以二十八星宿各宿为题首的吉凶占验辞，与该图联系相当紧密。在占辞之后，又紧跟两句简文，第一句为“此正月平旦毄申者，此直引也。今此十二月子日皆为平，宿右行”，第二句为“求斗术曰：以廷子为平旦而左行，数东方平旦以杂之。得其时宿，即斗所乘也”。彭锦华和刘国胜认为，“廷”，义同“停”，是停靠的意思。“廷子”即是以子位为转动的初始位置。他们推测这条简文大概的意思似可解释为：从“子”位以“平旦”时称开始，按顺时针方向依28栏的顺序数时称，至“平旦，心”这一栏止，这样就在“平旦，心”这一栏的干支位上推得了另一栏时宿，即“廷食，翼”，“翼”就是所占求的斗柄所指星宿。问题在于“翼”是何时所值星宿尚不能明确。有可能是指第一条简文中的“十二月子日”。参看《淮南子》的记载，他们的猜想是很有根据的。

无论是《淮南子》还是《管子》中对勾绳图的记载，都将其与时间相联系。且在先秦时，将二十八宿、十二律等与时间相配合的情况已有记载。由此看来，这幅日廷图很可能是依据时间进行占算的。

至于图二至图六，整理小组认为它们或许与《古五子》有关，《汉书·艺文志·六艺略》有《古五子》十八篇，云：“自甲子至壬子，说《易》阴阳。”

在画着图六的简帛上下记录有两段简文，分别与“置神”在五年中不同位置以及甲子到壬子五个时段宜忌有关，原文为：

> 卅六年，置居金，上公、兵死、阳主岁，岁在中。置居火，筑囚、行、炊主岁，岁为下。【置居水】，……主岁。置居土，田社、木并主岁。置居木，里社、冢主岁，岁为上。（简298壹—302壹）
>
> 甲子，其下有白衣之冣，黔首疢疾。丙子，其下有旱。戊子，其下有大败。庚子，其下有兴。壬子，其下有水。（简298叁—302叁）

陶磊认为，此处的五子只表示顺序，即每年的第一到五段。这种历法或许是将一年内的时段以五子或五午交替循环，这样虽然每十年内的五时排布都不相同，但每五年的岁首都是以固定的“甲、庚、丙、壬、戊”这一次序排列。在银雀山汉简中有一组被称为“三十时”的简，有两支内容分别为“3311：日冬至恒以子午夏”与“0430：至恒以卯酉二绳四句分此有道”，陶磊以此认为这种古历法确有勾绳图与之相配。（陶磊《〈淮南子·天文〉研究——从数术史的角度》）

夏德安则认为本图所描述的是在特定的一年中“五子”和“五行”相应决定“岁”的运行方位。对于“岁”的具体含义，夏德安还未有定论，只能确定“五行”与“主岁”的神灵之间的对印关系。（夏德安《周家台的数术简》）

其实我们可以看到，与五子相关的文字在《管子》与《淮南子》中都有出现。《管子·五行》：

> 日至，睹甲子，木行御。……七十二日而毕。睹丙子，火行御。……七十二日而毕。睹戊子，土行御。……七十二日而毕。睹庚子，金行御。……七十二日而毕。睹壬子，水行御。……七十二日而毕。

《淮南子·天文》：

> 壬午冬至，甲子受制，木用事，火烟青。七十二日丙子受制，火用事，火烟赤。七十二日戊子受制，土用事，火烟黄。七十二日庚子受制，金用事，火烟白。七十二日壬子受制，水用事，火烟黑。七十二日而岁终，庚子受制。岁迁六日，以数推之，七十岁而复至甲子。

笔者认为以上记载与图二至图六的日廷图有密切的关系。如果按照《管子》与《淮南子》的排布方法，一年的三百六十日正好能排布完全。这样就不存在陶磊所说的“五子与五午交替循环”的问题，一年中所经历的时间可以完全用这五幅图表示。

再参看马王堆《刑德》甲篇《日月风雨云气占》：

> 春甲子，秋庚子，秋夏间戊子，冬壬子。

至少在汉时，一年中五子的排布就已经非常明确了。笔者认为我们几乎可以推定这五幅图就是用来表示一年中的五个时间段的。虽然如此，这五幅图的具体用法还是尚未清晰，或许也是用来推算一年中某时段内做事吉凶的。

二、放马滩秦简日廷图

放马滩秦简图表如下（乙182叁—乙190叁）：

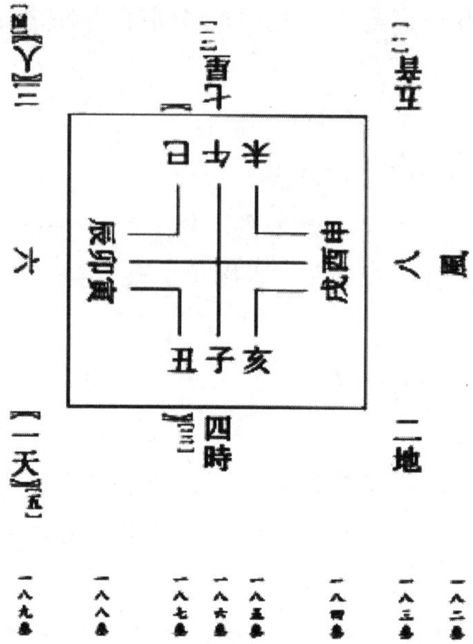

图八

放马滩秦简《日书》中的线图，内部是正常的十二辰位勾绳图，外部则有“二地”等文字，部分字残缺。吕亚虎补出“巳”“丑”，晏昌贵补出“五音”，程少轩补出“七星”“三人”。

对于补录后的简文内容，《天水放马滩秦简集释》有过讨论。黄儒宣指出，在悬泉汉简中有“天一，地二，人三，时四，音五，律六，星七，风八，州九”的简文，与这篇简文十分相似。(黄儒宣《〈日书〉图像研究》)经笔者查找，类似的文字在放马滩秦简中还有出现。如乙350与乙192的《占病祟除》篇：“占病祟除，一天殹，公外；二社及立(位)；三人，鬼大父及殇；四大遏及北公；五音，巫帝、阴、雨公；六律，司命、天□；七星，死者；八风，相莨者；九水，大水殹”，以及残简乙163的“七曰星央，八曰风央，九曰州央殹”。同时在银雀山汉简中有一篇竹简题名为“天地八风五行客主五音之居”，可以看出这些简文内容在当时是有完整理论的。

《集释》作者还提到，类似的文字也见于《淮南子》，“天一，地二，人三……四主时……五主音……六主律……七主星……八主风”。黄儒宣则指出，在《左传》等书中也有与此篇相似的文字出现。《左传·昭公二十年》：

“一气、二体、三类、四物、五声、六律、七音、八风、九歌。”在《黄帝内经》中也出现了类似的文字，如“一天、二地、三人、四时、五音、六律、七星、八风、九野”。

在此幅图之前，还有几篇简文，黄儒宣认为这些简文与这幅图有极大的联系，以这幅图为基础的占算极有可能是依照这些简文完成的。笔者将简文录如下：

> 日分：甲以到戊，己以到癸。辰分：子以到巳，午以到亥。
>
> 时分：旦以到东中，西中以到日入。
>
> 彼日、辰、时数并而三之以为母。
>
> 下八而生者，三而为二；上六而生者，三而为四。
>
> 宫一，征三，羽五，商七，角九。
>
> 直倍之二，二倍之四。三以三倍之，到三止。以四倍之，至于四取。
>
> □日到行日星道角若奎到行日，星及日辰时，望明□其敷，而以除母，而以余期。（简172—175，简176—177）

黄儒宣认为，这一段简文与《淮南子》内容很相近：“律历之数，天地之道也。下生者，倍，以三除之。上生者，四，以三除之。”因此，这篇简文很可能是说明律数的文字。其后又是一段与二十八宿相关的简文：

> 角十二，［八月］，亢十二；氐十七，九月，房七；心十、十二，十月，尾九，箕十；斗廿三、廿二，［十一］月，［牵牛；婺女，十二月］，虚十四，危九营（室）廿，正月，东壁十三；［奎］十五，二月，娄十三；胃十四、十三，三月，［昴十］五；毕十五，四月，此（觜）觿六，参九；东［井廿九］，［五月，舆鬼；柳］□□六月，七星十三；张□□，七月，翼十三，轸十五。（简167—178）

对于此图的含义，黄儒宣猜想它是一副配合钟律学说的图画，表达特定的宇宙模式。因为在这幅图所在的乙182叁之前的乙167—172号简记录了有关三分损益法和日时与干支相配的条文，且在秦汉简帛中有将钟律与天干地支等相配的实例，所以黄儒宣认为这幅图极有可能是配合前文所画。

参看当时的式盘，当时十二地支与其他占算理论相配合的情况已十分广泛。如江苏仪征刘集联营汉墓M10式盘、安徽阜阳双古堆汝阴侯汉墓M1六壬式盘等。这幅图或许便是将地支与其他理论相配所用到的图表，其作用是配合前后简文进行占算。

江苏仪征刘集联营汉墓M10式盘　安徽阜阳双古堆汝阴侯汉墓M1六壬式盘

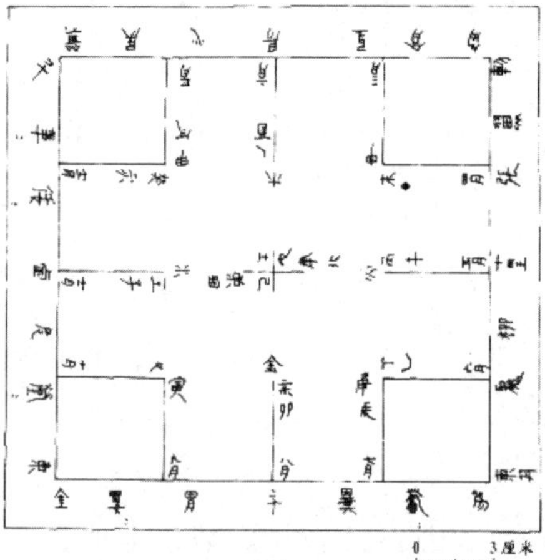

图九

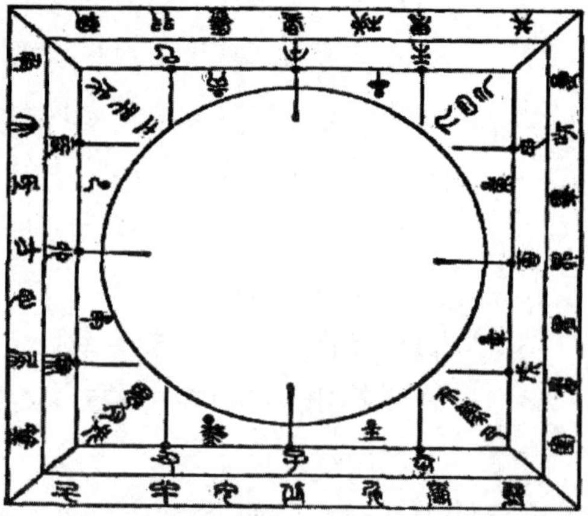

图十

不过参照上文中整理小组对周家台秦简日廷图的看法，笔者认为放马滩秦简中的日廷图或许也不只是配合钟律学说。依周家台日廷图旁边的简文来看，这幅日廷图是主要与星象相配进行占算的。依篇名来看，这幅图与十二时、星象相配的可能性都极高。对于放马滩秦简日廷图而言，黄儒宣依图前简文认为它与钟律学说相配固然有一定道理，但他没有注意到，放马滩秦简日廷图前不仅有有关钟律的简文，还有关于日时的简文。且参看放马滩日廷图四周的简文，即“一天，二地……”，笔者认为，或许这些概念在当时都可以与这幅图相配进行占算。这种占算方式，在一定程度上可以代表的当时的人对世界的认知模式。

三、孔家坡汉简日廷图

孔家坡汉简图表如下：

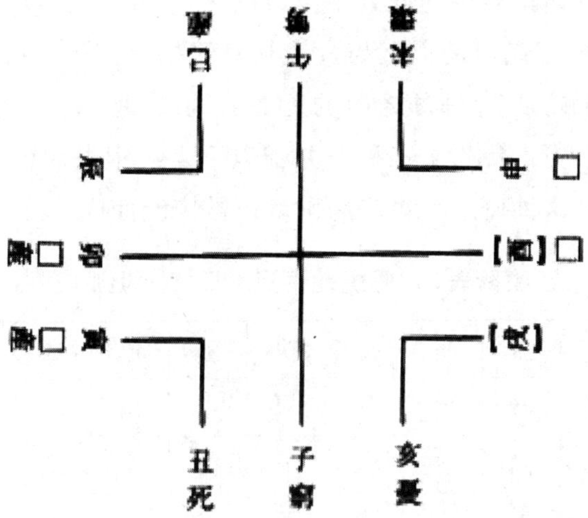

图十一

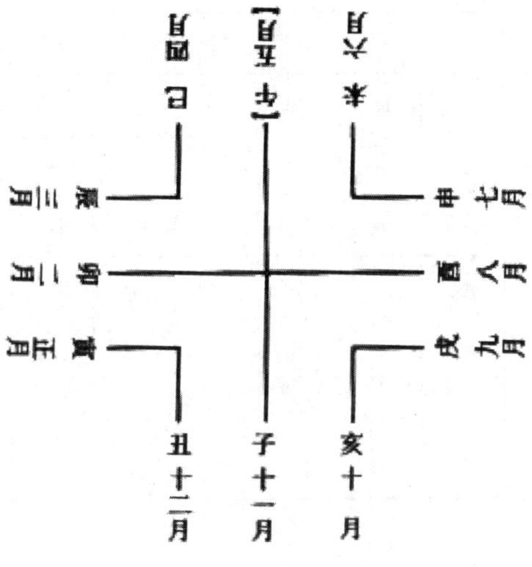

图十二

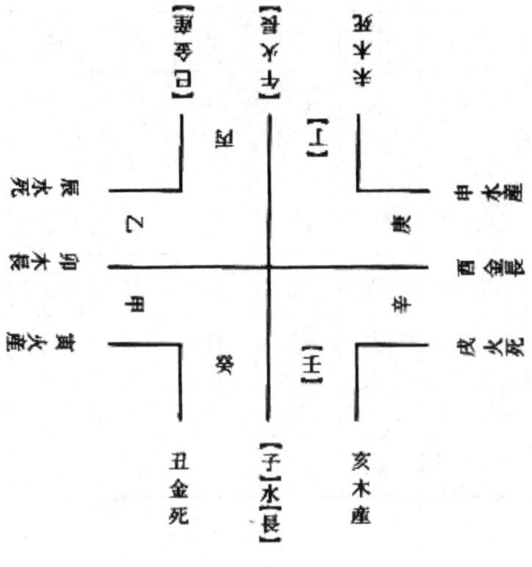

图十三

孔家坡汉简中有三幅日廷图，在勾绳图十二干支外标注的文字有些许不同。图十一环绕十二干支依次循环分布“忧、穷、死”三字，图十二则依月建分布，图十三在勾绳图内添加代表四方的八干，在十二地支外又添加了“木、水、金、火”与“产、长、死”分别循环环绕在图表外。

对于图十一的讨论较少，此处不再讨论。

图十二的排布方式则是干支与月按其月建相合排布。在《日书》的《秦除》篇中，秦地的方士将每月之内的运势分为“建、除、盈、平、定、执、破、危、成、收、开、闭”十二种，并配以干支，用来推算吉凶。“月建”即是指每月的建日，这种概念一直到后世都还被广泛使用。

秦除表（以睡虎地秦简《日书》为例）

	建	除	盈	平	定	执	破	危	成	收	开	闭
正月	寅	卯	辰	巳	午	未	申	酉	戌	亥	子	丑
二月	卯	辰	巳	午	未	申	酉	戌	亥	子	丑	寅
三月	辰	巳	午	未	申	酉	戌	亥	子	丑	寅	卯
四月	巳	午	未	申	酉	戌	亥	子	丑	寅	卯	辰
五月	午	未	申	酉	戌	亥	子	丑	寅	卯	辰	巳
六月	未	申	酉	戌	亥	子	丑	寅	卯	辰	巳	午
七月	申	酉	戌	亥	子	丑	寅	卯	辰	巳	午	未
八月	酉	戌	亥	子	丑	寅	卯	辰	巳	午	未	申
九月	戌	亥	子	丑	寅	卯	辰	巳	午	未	申	酉
十月	亥	子	丑	寅	卯	辰	巳	午	未	申	酉	戌
十一月	子	丑	寅	卯	辰	巳	午	未	申	酉	戌	亥
十二月	丑	寅	卯	辰	巳	午	未	申	酉	戌	亥	子

对于图十三，陈炫玮认为它与三合局有关。可以很明显看出，这个图确实是以木、水、金、火的长生、帝旺、墓位排列的。此图旁有简文，题名“斗击”。释读小组认为“击”即是“系”。简文中有“直前者死，直后者不

死”（简129叁，简130叁）的记载，与《淮南子·天文》中“合于岁前则死亡，合于岁后则无殃”意义相近。单独看《淮南子·天文训》中图一的前后文字，图一被用于描述星象并占算的可能性是很大的。我们再参看当时的式盘图像可以看出，当时十二地支被用于占算的情况已经十分普遍。由此我们或许可以猜想，这幅日廷图也是以地支为主，配合三合排布及天干等进行推算的图表。以此参看，或许此图的用法与上文中图一的用法类似。

在以上图表以外，笔者还找到了尚未释出的北大汉简中日廷图的图片（《北京大学藏西汉竹书墨迹选粹》人民美术出版社2012年版），录如下图：

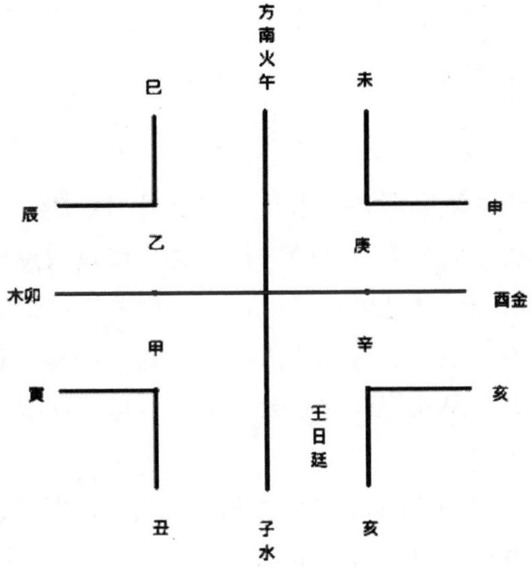

图十四

在图表上看，北大汉简中的日廷图除了十二辰位的勾绳图之外，还标注了甲、乙、庚、辛四天干与四维所对应的五行。“午火”上标明“南方”确定方位。内部有标题“王日廷”。

综上来看，日廷图在先秦不仅数量较多，且已有了广泛的应用。日廷图的可能用法，一是用来表示时间，二是与星宿、音律等配合，参与吉凶的推算。

（作者单位：山东大学尼山学堂）

《说岳全传》成书时间与前后风格差异问题臆测

王一凡

岳飞是南宋时期的抗金名将，以其深沉的爱国情怀、卓越出众的军事才能和为奸臣昏君所冤杀的令人叹惋的悲剧结局，在我国民众心目中具有崇高的地位。历来有关岳飞的文艺创作层出不穷，相关作品按照文体可以简要分为三种：戏曲，小说，说唱故事。至清代成书的《说岳全传》在历代岳飞小说、戏曲、说唱故事、民间传说的基础上加以汇总，选编成文，可称岳飞故事的“集大成”之作。

《说岳全传》，全称《精忠演义说本岳王全传》，清代钱彩编次，金丰增订，为南宋以来岳飞故事的总结性作品，共二十卷，八十回，全面地讲述了以岳飞、岳云、岳雷父子等为代表的岳家两代人一生为国尽忠、建功立业的传奇故事和岳家从深受倚重到蒙冤获罪再到沉冤昭雪、得以平反的忠奸斗争史。本书以前世金翅大鹏鸟、赤须龙、女土蝠等的恩怨为大框架，嵌入岳飞出生、拜师结义、武举夺魁、扶宋抗金、含冤赴死、奸臣得报、沉冤平反、小将出征、抗金胜利等故事，以第六十一回“东窗下夫妻设计，风波亭父子归神”为界，此前述岳飞故事，此后述岳家小将故事及奸臣后事。值得一提的是，这两部分不仅主角发生了变化，故事风格也大为不同。在本文中，笔者将对此书的前后风格差异问题展开探讨。

一、差异表现——英雄传奇与神魔演义

《说岳全传》自第一回至第六十一回，述岳飞从出生到冤死的经历，其内容基本与历史事实相合，杂以民间传说故事，深受史传文学的影响，可说是极为标准的英雄传奇作品。

笔者将前六十一回与《宋史·岳飞传》两相对照，可见，《说岳全传》前六十一回的故事基本都可以从《宋史·岳飞传》中找到史实根据，即使个别情节不见于《岳飞传》，也能从《宋史》其他记载中得到印证，当然，也有部分情节存在虚构。但总的来说，《说岳全传》前六十一回是以史为纲、在历史的大框架内填入血肉而写成的。

然而岳飞死后（即六十一回后）的十九回却于史无据，甚至天马行空，表现出了由史传入神魔的倾向。我们从秦桧等一干奸佞结局，岳家小将故事两条线索来分析《说岳全传》后十九回。

书中奸臣国贼等辈无一不下场极惨，张邦昌、王铎为猪为羊死于番邦，张俊应誓死于万人之口，连一国之首宋高宗也因昏庸不明害死岳飞而被岳飞英灵吓死，而秦桧之劫难与横死更是书中浓墨重彩、着力刻画了长达数回的重要情节。此前我们说过，《说岳全传》是一部比较典型的“世代累积型”作品，秦桧之死更是历来众多有关岳飞的文艺作品中相关情节的综合之作，可以说，我国民众在幻想、描述秦桧如何在阴司遭受惩罚、如何被报应、如何受尽折磨而死等方面表现出了惊人的想象力和“残忍”程度。在《说岳全传》中，秦桧先是在灵隐寺进香之时被地藏王菩萨所化疯僧叶守一呵斥戏弄，后又被菩萨差狱主冥官钩至地狱、拘入酆都、苦受刑罚，最后后背生疮，病重嚼舌而死，而且死后仍在地狱之中永受苦楚。作者又安排儒生胡梦蝶醉后游地狱，亲眼见到秦桧“披发赤体”，手足均被巨钉“钉于铁床之上，项荷铁枷，遍体有刀杖之痕，脓血腥秽，不可逼视”，又身受“风雷之狱”“金刚之狱”“火车之狱”等刑罚，“风刀乱至”“飞戈攒簇其身”“血流满地”，而不管如何骨肉粉碎，其总能复变人形，轮回受苦，来世还要沦为畜类，“使人烹剥食肉”“不免刀头之苦”，而当胡梦蝶询问狱吏“其罪何时可止”时，得到

的答复是“历万劫而无已”。〔（清）钱彩编次，金丰增订《说岳全传》〕从作者对秦桧地狱历劫的血腥场面不厌其烦的细致描写中可见其对于此等残害忠良、里通外国的国贼之恨。

书中写秦桧之死及其死后惨状，与其他奸臣不同。张邦昌、王铎、张俊等辈虽然应誓而死，已经具备了一定超自然的神秘色彩，但其果报循环之意远不如秦桧之死。在描写秦桧遭劫、死亡以及死后遭遇等回目中，鬼神不再是本书其他大部分章节中所表现的隐性存在，不再处于“冥冥之中”，不再通过所谓应誓、托梦等间接性手段参与人间正义与邪恶、忠良与奸佞之间的争斗，而是直接、亲自参与天道的奖罚，这也是此书中首次正面描写了奸佞小人所堕地狱之阴森可怖，在这一情节中本书所主天道循环、因果报应等事由虚入实。

疯僧扫秦、何立见佛、东窗事发、胡迪游狱等事，早在《说岳全传》成书之前便在民间广为流传，有关的文艺作品甚多，应该讲，秦桧的这种结局是大快人心、为人们喜闻乐见的。

至于岳家小将故事，则更具有显著的神魔小说色彩。与前六十一回中岳飞等人主要依靠比拼武艺、巧用计谋和人格魅力感召等方式取得战斗胜利不同，岳家小将的抗金战争更多地卷入了神仙妖魔的恩恩怨怨。《说岳全传》前六十一回描写的战争，虽然也有虚构的情节，也有小部分涉及鬼神托梦、授艺等灵异之事，但七分实三分虚，大节与史实相去不远，可参看下表。

表1

主要战争	有无法宝、鬼神及参战方式
爱华山大战	无
洞庭湖擒杨虎	无
汜水关大战	无
离间计杀刘豫	无
牛头山大战	有，小将岳云梦中得张巡等神将传授锤法
九龙山擒杨再兴	有，岳飞梦中得杨景传授杀手锏
洞庭湖平定杨幺	有，鲍方老祖赐牛皋“穿云箭”“破浪履”
朱仙镇大捷	无

由表1可见，在前六十一回所写的战争中，虽有鬼神参与，但均为托梦、赐宝等间接方式，况亦不多，当属于英雄传奇小说的常规描写范畴。

而《说岳全传》后十九回所描写的岳家小将的抗金战争，则大半都是依仗神魔法器乃至在神魔直接参与下进行的，现将后十九回中出现的战斗情况整理如下。

表2

主要战争		有无法宝、鬼神及参战方式
平南关之战		无
近南关之战		有，石鸾英蒙异人传授石元宝、石如意
岳雷扫北	天长关之战	无
	接救军粮	有 鲍方赐丹药 普风国师（乌鱼精）抛“混元珠”伤人，牛皋抛“穿云箭” 普风“驼龙阵”伤人，诸葛锦血沟火箭破驼龙
	界山之战	有 普风“黑风珠”“黑风旗”伤人 鲍方“宝光镜”，与普风斗法
	牧羊城之战	有 西云小妹蒙异人传授阴阳二弹、白龙带 施岑仙师助阵 乌灵圣母帅鱼鳞军布“乌龙阵” 施岑、圣母斗法

由此可见，《说岳全传》作为一部英雄传奇小说，自叙写岳飞之死之后的十九回中，或者说自叙述至岳雷挂帅上阵抗金以来，对于两军交战的描写，很少出现完全通过真正意义上的、现实的、至少是有一定现实基础的武艺比拼或者智谋交锋取胜的情况。不管是岳家小将还是地方将领，都更多地依靠手中具有神秘色彩——或者根本就是神仙妖魔授予的法宝克敌制胜，例如西云小妹的阴阳弹、白龙带，牛皋的穿云箭等。在“普风师宝珠打宋将，诸葛锦火箭破驼龙”“施岑收服乌灵圣母，牛皋气死完颜兀术”等回目中甚至干脆由普风国师、施岑道人、乌灵圣母等神魔亲自出战，当面交锋，而不假于凡

人之手。普风乃是乌鱼成精，是金朝的国师，辅佐完颜兀术攻宋，炼有定风珠、驼龙等多种法宝，最终败在代表正义的神仙鲍方、诸葛亮所赐的法宝穿云箭、兵书妙计之下。施岑道人与乌灵圣母原有恩怨，施岑是人而修道，乌灵圣母则是乌龙成精；乌灵圣母摆下乌龙阵，自以为无人能敌，最终还是败于施岑之手，被他收服。以上种种，莫不是神魔亲自参战，以法宝、法术或具有神秘色彩的法阵相抗衡，神魔划分阵营，协助我部者是正神，加入敌方者是妖仙，正邪不两立而邪终究不能胜正。此种写法，绝类《封神演义》，乃是典型的神魔小说风格，与此前的历史演义、英雄传奇风格自是大有不同。

总体来说，《说岳全传》可以根据写作风格分为前后两部分：第一部分是前六十一回，以岳飞为绝对中心，讲述他从出生到冤死的人生经历与传奇故事，大体上以史为纲，属于比较典型的受史传文学和民间通俗小说影响而成的英雄传奇故事；第二部分是后十九回，可以分秦桧等奸佞的结局和岳家小将的出征故事两条线索叙述，秦桧的故事里以大量对阴间鬼蜮的描述宣扬因果报应等思想，岳家小将的故事里则将神魔斗法引入人间战争，在这两条线中，神仙妖鬼的存在感和重要性较前六十一回均大大提高。

二、差异原因——作者问题或创作时间

《说岳全传》的前后风格差异问题，历来并非无人注意，如于天池先生曾指出“小说的后二十回在艺术描写上显得不真实，显得粗糙，同前六十回很不相称”（于天池《明清小说研究》），暗示后文有金丰补作之嫌疑，也有人坚持认为全文主体由钱彩所作，金丰只是以此为基础进行一些细节上的修订，本书前后风格差异并非金丰造成。由于缺乏材料佐证，这个问题实际上已经成为不解之谜，但是从文本出发，我们仍然可以找到一些可讨论的东西。

笔者认为，《说岳全传》前后风格差异问题极有可能说明前后两部分的作者并非一人，存在后十九回为金丰主笔的可能。

《说岳全传》题有“仁和钱彩锦文氏编次，永福金丰大有氏增订”字样，“增订”二字，意为增补、修订，增补什么，修订什么，大有文章。

这一主张最明显的证据自然是《说岳全传》前后的风格差异问题，即便

秦桧结局故事可以视作受到历代以来的传奇、戏剧等创作的影响才多涉鬼神，但后十九回中战争场面描写大量涉及斗法变阵、神魔交战，与前六十一回中的战争场面大相径庭却不能用前代累积来解释。有一种说法是，岳飞后代的故事本来就是凭空虚构的，作者不需要对史实负责，可以肆意发挥想象力，笔者认为这种说法不能成立。首先，在《说岳全传》前六十一回中关于对战的虚构故事也有不少，如“枪挑小梁王”一事纯属无中生有，爱华山大战，太湖、鄱阳湖剿水寇，藕塘关之战，勤王之战等战役也不见于史料，计杀刘豫一节甚至罔顾历史真实，将刘豫之死从绍兴十三年（1143），也就是本书的后四分之一处，提前到了第三十三回。从表1中也可见，小说对岳飞征战故事的叙写与历史真实有很大差距，然而，即便如此，前六十一回的战争场面中也少有神魔变法的场景出现。那么，认为前六十一回作者囿于史实，因而没有过多对于变法斗阵、神魔参战的描写，这一说法似乎不够具有说服力。《说岳全传》后十九回中安排岳家小将上阵抗金，主要是受《续精忠记》的影响，然而《续精忠记》中的战争场面没有如此明显的神魔因素，可见，这种写法当为作者刻意为之。或有人言：《说岳全传》书前序言中道：“从来创说者不宜尽出于虚，而亦不能必尽由于实。苟事事皆虚，则过于诞妄，而无以服考古之心；事事皆实，则失于平庸，而无以动一时之听……故以言乎实，则有忠有奸有横之可考，以言乎虚，则有起有复有变之足观。实者虚之，虚者实之，娓娓乎有令人听之而忘倦矣。”（丁锡根《中国历代小说序跋集》）以此观之，则此书前六十一回虚实相生、以实为主，后十九回尽为虚写神魔斗法应当是作者着意安排的结果。对此笔者仍以为不然，序中所说“虚写”应当是指岳家小将抗金故事于史无据，纯属虚构，而非就神魔交战而言。

我们认为《说岳全传》前后可能非一人所作，除去英雄传奇和神魔小说这一显著的风格差异之外，还有其他佐证。比如，《说岳全传》存在前后文相互矛盾的问题。例如，第五十七回中金兀术命鹘眼郎君领兵攻打临安，文中记述“鹘眼郎君手中的刀略迟得一迟，被牛皋一锏打中肩膀上，翻身落马。牛皋取了首级”〔（清）钱彩编次，金丰增订《说岳全传》〕，可知本回中鹘眼郎君已经被牛皋所杀，然而在第七十五回中又述“早有小番报知兀术，兀术随命撒离罕、孔彦舟、孛堇哈哩、鹘眼郎君四员骁将，出马助阵”〔（清）钱彩编次，金丰增订《说岳全传》〕，此处鹘眼郎君又死而复生，尚能出马助阵，这是一处比较明显的矛盾。此外，还有岳云等人的年序问题。如书中第四十三回述韩彦直与岳云结拜，“韩公子年长为兄，岳公子为弟”〔（清）钱彩编次，金丰增订《说岳全传》〕，第五十八回中，岳云与黑蛮龙结拜，“岳云年长为兄”〔（清）钱彩编次，金丰增订《说岳全传》〕，然而在第七十二回韩彦直与黑蛮龙结拜时，“黑蛮龙长韩彦直两岁，遂为兄长”〔（清）钱彩编次，金丰增订《说岳全传》〕，前后矛盾，疏于照应。当然，也不排除《说岳全传》作为一部脱胎于民间口头文学的小说，其作者或说书人在此种细节上存在纰漏，单凭此不能断言此书必非一人之作。

另外，本书前六十一回作者采用了三线交织并进的叙事结构。岳飞的成长故事及岳家军攘外安内的战争经历是一线，南宋朝廷内部以岳飞为代表的忠臣和以秦桧为代表的权臣奸佞此消彼长的忠奸斗争为一线，金人完颜兀术的计谋和武力侵略为一线，三线交织，此起彼伏。岳飞与兀术二线起初是明线，以这两股势力之间矛盾最为激烈，该矛盾的缓和必然得益于岳飞之骁勇，然而岳飞越骁勇善战，宋、金之间矛盾越缓和，岳飞、秦桧之间的矛盾就越发凸显、越发尖锐，至朱仙镇一役两方已成不可两立之势，是以秦桧、兀术勾结，岳飞的抗金斗争也是他抗击奸佞的斗争，此种斗争最终决定了他的命运，三线合为一线。这种三线交织、齐头并进的叙事结构，条理贯通，文理缜密。而后十九回则采用单线叙事的模式，以岳雷为线索，将众多人物（往往是前六十一回中英雄人物的后代）分组、分单元串联起来。总是先出现一组人物，与岳雷一方交战、互通来历姓名、同上临安，然后这组人物退居次要地位，下一组人物出场。收服二代英雄的情节如此同质化，如此简单粗糙。小将在抗金战场上的表现亦然，交战双方分别斗法变阵，魔高一尺道高一丈，总是相似的情节，与前六十一回情节的生动、曲折、复杂程度不可同日而语。

又，若在前文《说岳全传》成书于乾隆九年这一猜想的基础上继续讨论，清中叶实际上是神魔小说发展的一个特殊时期，“神怪小说发展至清中叶，由于社会环境、其他小说流派的影响及其自身的衍变，而逐渐走出低谷，进入‘柳暗花明又一村’的境界”（张俊《清代小说史》）。这一时期诞生的神魔小说有《济公传》《绿野仙踪》等二十余种，可分为四个大类：佛道类，怪异类，寓意类和史话类。同时，神魔小说和世情小说、历史演义小说合流的趋势进一步加强。就这一角度而论，《说岳全传》后十九回浓郁的神魔色彩或许也是受当时创作风尚的影响。

当然，由于可供佐证的文献资料过少，对于这个问题，我们也不能下定论说《说岳全传》必定是两人所写，后十九回必定是续作，但这毕竟是一种有极大可能的猜想，退一步说，即便《说岳全传》前后是一人所作，这两部分的创作也应当相隔了一段时间。后十九回的作者显然是吸收了众多民间传奇故事、明清神魔小说的表现方法之后，在此基础上写作了后十九回，非如此不足以解释前后两部分中战斗场面的描写差异如此之大的问题。

三、差异影响——后十九回的价值如何

《说岳全传》的前后风格差异如此显著，作为一部极富历史渊源的英雄传奇，其后十九回类似神魔小说的风格在学界不免有流于非理性、消解历史之讥，以下笔者试讨论后十九回的价值。

首先我们要记得，《说岳全传》是一部三实七虚、脱胎于民间传奇故事的通俗小说，乃是下层文人所作，甚至取材于民间说书艺人说书的底稿。而不管是说书艺人的听众还是通俗小说的读者，其文化水平、文学意识和审美素养显然不会太高，这样的创作源头和受众就决定了《说岳全传》的情节安排、人物塑造、叙事手法、审美趣味等方面的水平都被限制在了一个一定的、不甚高明的范畴以内。从《说岳全传》文本出发，可见钱彩、金丰二人即便真属文人阶层，其掌握的文史知识也相当浅薄，文化水平应当比较有限。在认识到这一点的基础之上，我们再对后十九回如此设置的意义、价值加以讨论。

后十九回以神魔入史传，最表层的意义当然在于吸引受众。如上我们所说，《说岳全传》是一部通俗小说，自诞生之初其目的就不是"藏之名山，传之其人"，恐怕也不曾"批阅十载，增删五次"，其作为大众文化娱乐商品而存在，必然要考虑市场问题，甚至可以说，市场导向、大众喜好是它主要依从的方向。《说岳全传》以在我国民众中享有崇高地位的岳飞为主角，一方面当然是因为作者自身对岳飞的崇敬和对奸佞、对异族侵略者的仇恨，另一方面大众

好恶亦必是重要影响因素。从某种意义上，《说岳全传》的受众，与其说是被这部作品本身的情节、文笔所打动，不如说是为岳飞而来，在吸引受众方面，此书题材居功甚伟。然而史上实有岳飞其人，冤死风波亭是不可更改之定局，岳飞死后故事该如何发展才能使得本书受众中为岳飞而来的那一批不至于兴味索然乃至大呼上当，当是本书作者面临的首要问题。那么此书后十九回的处理方式也就尽可以理解了，神魔交战，变法斗阵，“瑰玮光怪，虚灵变幻”“幻设为文，以幻为真”，吸引眼球，炫人耳目，显然可以代替岳飞起到吸引受众的作用。

既如此，小说的后十九回便也可以反映出当时社会的一种文化心理。例如，秦桧等奸臣死后在阴司无穷无尽受苦，岳飞父子虽冤死但终于封神，岳雷等小将抗金全胜，完成了岳飞岳云等人未竟的事业，虽然发生了岳飞之死这样千古奇冤的悲剧，但此书终以一个光明的结局收尾，可称小团圆。作者不厌其烦地对秦桧的哀惨之状加以描摹，除了替泉下忠臣出一口千古恶气之外，应该也有迎合读者之意。秦桧之所以惨不忍睹，多因为读者无不盼其惨不忍睹，因为读者无不或信或盼世间有阴司、阴司有报应于佞臣奸邪。爱重忠臣良将，仇恨奸佞小人，以至于奸臣虽死尤受其报，忠臣即便一时蒙冤，也必将沉冤昭雪，后代英雄重建功业，完先人未竟之志，达成比较圆满的结局。此圆满结局，也反映了我国民众惯有的审美偏好。又如，本书对于小将英雄们的塑造实际上大大不尽人意，其塑造出的小将英雄不过是每人父辈的复制品，从外貌长相，到衣着坐骑、武艺兵器，乃至性格特点无一不酷肖乃父，像这种“孝顺还生孝顺子，忤逆还生忤逆儿”的人物安排，诚然有作者笔力的问题，然亦当有社会普遍认知和心态的影响。

另外，本书后十九回也反映了通俗小说发展过程中各个流派之间相互渗透、融合的问题。事实上，明清各个流派的通俗小说作品中，几乎都或多或少地包含了魔幻、灵怪成分，而历史演义、英雄传奇小说掺杂神魔成分更属常事。应当说，后十九回能够无中生有、凿空雕影，于史籍未载之处，借神怪之说另辟出一条奇路，从山穷水尽处转开一更为自由的艺术创作空间，不可谓之不巧。

但是，后十九回在创作上仍然存在许多问题。

首先，后十九回并没能很好地平衡人物塑造的个人性和奇幻性。在后十九回层出不穷的变阵斗法中，虽有种种奇异宝贝得以展示，但是斗法变阵的主体——人物——却被淹没了。后十九回没有塑造出一个足以令人印象深刻的性格鲜明的人物形象，一切人物，无论敌我，皆面目模糊，毫无神采可言。凡人如此，有法宝者如此，神仙妖魔亦如此，他们没有性格，只有身上贴有的“某某之子”“某某法宝之主”“宋将”“金人”等标签而已。作者对人物形象的塑造甚至不如对重要法宝、战阵的描写细致。究其原因，大概是创作者片面求奇之故。本来神魔故事以幻为常，以出奇之幻为荣，不幻则不为神魔，正所谓“文不幻不文，幻不极不幻”（丁锡根《中国历代小说序跋集》），但是创作者如果一味追求奇幻，以奇以幻，过奇过幻，势必会为求奇幻而影响到小说的其他方面。若创作者过分注重情节的超自然性，过分注重对斗法变阵等的描写，过分注重描摹刻画人物身上超人类、非人类的富有奇幻色彩的那部分特征，则势必会影响其对人物形象的塑造，人物也不免虽身负绝世奇幻法术，却面目模糊，性格平板，如此一来，术法纵然奇幻，亦难动人之心。

其次，后十九回也未能平衡好作品的艺术性和教化性。此处就秦桧和岳家各自的结局而言。作者借秦桧之死及其死后在阴间所受报应之苦，宣扬善恶果报，以此来达成劝人向善的教化目的。此处文字自然表现了作者和民众疾恶如仇的善恶价值观，只是作者在教化之时未免表现出一种较为明显的介入态度。又如第六十三回中牛皋、余化龙、何元庆等人整兵杀往临安，决心为岳飞报仇，然而在江上遇见岳飞父子和张宪的阴灵显圣，岳飞在云端“把手数摇”，命令众人退兵，在摇手不起作用后，“只见岳爷怒容满面，将袍袖一拂，顿时白浪滔天，连翻三四只兵船，余船不能前进”〔（清）钱彩编次，金丰增订《说岳全传》〕，以至送了余化龙、何元庆二人性命。再比如第六十五回中，岳雷被冯忠所抓，逃跑时跌入湖中，自以为必死之时忽见在第六十三回中已经投井而死的银瓶小姐“头戴星冠，身披鹤氅，叫声：‘二弟休慌，我来救你也！’就把岳雷提在空中，再一阵风，将冯忠吹入湖心之中，吃了一肚子的清水”〔（清）钱彩编次，金丰增订《说岳全传》〕。岳飞虽冤死仍不肯让部下为自己复仇，可以蒙冤而死而不可以不忠义，银瓶小姐是孝女更是烈女，作者安排她死后成神，于危难时刻显灵救兄弟岳雷，以上种种，皆表现出浓厚的道德教化色彩。小说最后，岳家小将子承父业，一举完成岳飞未竟的抗金事业，迎回二帝梓宫，岳家军众人均受封赏，这样安排自然为岳飞出一口郁结千古的不平之气，也反映了善有善报恶有恶报、奸佞必遭报应、忠良必有后福的道德理念，只是此种小团圆的结局不免减弱了岳飞千古奇冤的悲剧色彩，在简单的忠奸对立、忠良大获全胜的结局中，在忠臣与奸臣之上的起决定作用的统治者本人的责任则被掩饰过去，因而大大减弱了本书的艺术性、思想性。

结　语

《说岳全传》是南宋以来对岳飞故事的总结性作品，全面讲述了岳飞一生转战南北、攘外安内的传奇战史，冤死风波亭的悲剧结局及后代故事。此书以第六十一回“东窗下夫妻设计，风波亭父子归神”为界，前后故事主角和风格均发生了较大的变化。前六十一回以史为纲，是标准的英雄传奇作品写法，后十九回杂以神魔故事、斗法变阵，转变为神魔小说的写法。笔者由此出发，结合对文本中其他线索的分析，作出《说岳全传》前后作者不一的假设，认为至少这两部分不是一气写就。后十九回虽然文笔粗糙、剧情简单重复，但也有吸引受众的作用，且后十九回的风格也在一定程度上反映了当时的社会文化心理。当然，其后十九回的创作中依然存在奇幻性、艺术性、教化性不平衡的问题。

（作者单位：山东大学尼山学堂）

小说《铁冠图全传》成书时间献疑

吴 越

一、历史回顾及问题提出

《铁冠图全传》，五十回，题松滋（一作排）山人撰，以明初道人张冲所留三幅预示明朝气运的“铁冠图”为线索，讲述李自成起义军的兴衰和明亡清兴的始末。现存光绪四年宏文堂刊本和光绪十年刊本、光绪十六年三余堂藏版本、光绪二十年文德堂刊本、广州永善堂刊本等。

最早探讨该书成书年代的是郑振铎先生，他说：“此书的作者，不知何人。创作的时代大约总在清初。也许较《新史奇观》略为后些。”（郑振铎《中国文学研究》）此后经过学者的进一步讨论，学界对该书成书于清初基本已形成了定论。

其实，《铁冠图全传》中的许多情节并非作者原创，而是在当时流行的其他戏曲和小说中已经有了完整成熟的表达。《铁冠图全传》的作者在借鉴、裁剪、整合了这些已有作品剧情的基础上有所润色、增饰、发挥，其承袭前人的痕迹是相当明显的，具有集大成的性质。通过考证这些情节与《铁冠图全传》的关系，比较相关作品成书的先后，可以发现《铁冠图全传》最迟可能要到康熙后期乃至乾嘉时期才出现，而非学界一贯所认为的清初。

二、《铁冠图全传》与闯王戏曲

在《铁冠图全传》之前已有多种闯王小说流行，具体来说是《剿闯小说》《定鼎奇闻》《樵史通俗演义》及它们的易名改本，而与《铁冠图全传》成书关系最密切的为两大戏曲系统，分别为"铁冠图"和"虎口余生"。前者包括顺治年间出现的《铁冠图》和《昆曲粹存》中的《询图》《撞钟》《分宫》三出。后者包括康熙时曹寅（1658—1712）所作的《表忠记》，乾隆时遗民外史的删改本《虎口余生》，和《缀白裘》《审音鉴古录》等戏曲选本中的散出。这两个系统在流传中互有交叉，颇多混淆，呈现出合流的趋势。《铁冠图全传》可能是作者鉴于其混乱的传播情况且看到这类作品的群众基础和巨大影响力，于是在前人作品基础上整合而成的定本形式。

通过对比闯王系列作品中重合度较高的一些剧情点，除一些有史实依据且在各本小说中大同小异的事件，如崇祯自缢、牛金星考掠大臣、李自成之死等以外，具有明显传承关系的情节有边大绶掘坟、孙传庭督师、蔡懋德太原殉节、周遇吉夫妇死难，以下将对这些情节分别进行具体论述。

（一）边大绶掘坟

《铁冠图全传》虽也写了边大绶掘坟，但对故事的起源和整体连贯性的安排要大大优于戏曲。小说第十八回中的边大绶贺兰山擒贼这一情节，并无史料支持，应是小说作者为将分散的事件统摄在"剿闯"这一大题目之下而作的合理虚构。在此段故事中，李自成因家乡有两位绿林好汉，遂写下书信差王千子去联系这两位好汉参与起事，顺便看守祖坟，王千子扮作樵夫前往，在途中被催科经过的知县边大绶抓获，问明缘由后边大绶下令将王千子立斩，再派手下人假扮喽啰去骗绿林中人出兵攻打延安，却暗中设下埋伏，将其一网打尽，山寨荡平。随后边大绶想起李自成书信中曾托土寇保守祖坟，这才有逼勒其族人、上山挖坟一节。而这一段在戏曲中只有一句话交代："下官莅任之始，即严行察访，缉拿得羽党薛老柴、乔齐年等，呈解军门正法。"（遗民外史《虎口余生》第二出），可见戏曲主要是重点场景的展示，过渡桥段则可以在宾白中作暗场处理，小说则要顾及前因后果的连续性，必须严针密线、有头有尾，此处正是小说吸纳戏曲为己所用的一个例证。小说之后的情节顺序与戏曲大致相同，不同的是戏曲将边大绶故事作为串联首尾的线索，“亦以叹天下事之死而之生，皆余也，岂独一边君然哉”（《虎口余生》自叙），所以在最后一出《升天》前将边大绶逃生团圆作为实际结局。到了小说中已经有知县阎法一家的经历作为主线，边大绶故事的地位有所下降，所以作者将边大绶的结局安排在吴三桂借兵与李自成败亡之前，显示其只是众多情节模块之一，体现了小说改编戏曲的灵活性。

（二）孙传庭督师

小说中孙传庭（误为廷）被兵部尚书陈寅（此“寅”应为“演”之误）荐为督师，带病接旨，辞别夫人邹氏及公子继英，至汛地令户长引路夜探敌营和勘察地形，却因归营太晚致使帐下将领疑虑。传庭布下密计，伏兵大败李自成，自成与手下换装逃走，传庭因误纵自成气至呕血。自成逃归襄阳，听取宋炯、牛金星计策，散美女入明军军营，趁乱大败官兵，孙传庭病死。

按此段情节与史实颇舛。孙传庭家眷，据《明史》本传所载：“初，传庭之出师也，自分必死，顾语继妻张夫人曰：‘尔若何？’……及西安破，张率二女三妾沉于井，挥其八岁儿世宁亟避贼去之。……长子世瑞闻之，重趼入秦，得夫人尸井中，面如生。”（《明史》卷二百六十二）孙传庭原配冯氏，小说中姓名皆为杜撰，恰与今存《虎口余生》第六出中描写相同：“（老）我儿免礼。妾身邹氏，孩儿继英，因相公职任边曹，故尔相依京邸。”（《虎口余生》第六出）

所谓陈演荐孙传庭为督师亦不实。孙传庭因与杨嗣昌政见不合，“屡建大功”却被“抑之不奏”，心情郁愤以致失去听觉。杨嗣昌“劾其托疾，非真聋”，崇祯一怒之下将孙传庭投入监狱，三年以后再次起用，乃是迫于形势之不得已，并非来自陈演推荐。那么《铁冠图全传》中这一情节又是从何而来的呢？《表忠记》交代得十分清楚：“而阁臣李建泰、兵部尚书陈演素与兵部侍郎孙传庭有隙，荐为督师，欲以传庭尝寇也。”（黄文旸、董康《曲海总目提要》卷四十六）这一段完整的剧情是崇祯召集群臣商议对策，有议亲征者，有议南迁者，皆被否决，最后崇祯决定命孙传庭出师。通过上表可以发现众多作品中都有此节，命孙督师则为曹寅的创作，是为与孙传庭的故事衔接之故。《铁冠图全传》只袭取了后半段，而对于其他小说中的议事细节则阙而不录。

第十六回孙传庭夜探不归致诸将喧哗，史书不载，却是折子戏中的名篇，见于今本《虎口余生》第八出《夜觇》和第九出《营哄》，其中观测地形、瞭望敌营时与巡军的对话基本全同。戏曲中后文孙传庭依次密嘱卜从善、白广恩、秦翼明、牛成虎战术，到了小说中则改成仅对虚构人物白凯说话，其他将领姓名都被略去，也是为了突出重点。

史料记载中孙传庭乃战死潼关，而非病故："传庭与监军副使乔迁高跃马大呼而殁于阵，广恩降贼。"（《明史》卷二百六十二）此外还有不知所终说、出塞说、出家说等，因证据不足故不为史家所取。小说中却写孙传庭因帐下军兵误中李自成之计，以致病重而亡。"美人局"的计策在《表忠记》中是由牛金星提出的："自成得脱。至襄阳，与其弟一只虎养子李双喜等会，畏传庭，欲率众匿山险中以避其锋。俄闻传庭卧病，用牛金星计，以妇女散入孙部，诱其属，醉而袭之，官军大败，传庭死。"（《曲海总目提要》卷四十六）将宋献策、顾君恩、李岩等农民军智囊形象合并为牛金星一人来写的。小说在叙述时则略写牛金星提议，反而特意让与此无关的宋献策出场："是晚，这个孙传廷乐极生悲，恼成一病。那个李自成绝处逢生，出了七盘山，连夜奔往李双喜营中而去，与宋军师等商议起兵。宋炯打听得孙传廷病重，守城军士无人管束，懒惰偷安。虽有一个白凯勤劳办公，哪里能处处如此，故尔终无济于事。即与牛金星商议，教李闯用个美人局的妙计，不独西安城可唾手而得，兼令孙传廷死无葬身之地。"（松滋山人《铁冠图全传》第十七回）小说中将宋炯（即宋献策）作为农民军方面的主角，将其塑造成贯穿李自成起义的核心人物，宋炯先以访英雄的名义告诉李自成"十八孩儿当主神器"的谶语，直接促成了李自成起事，后来又屡次建言献策。小说在改编时既要突出宋献策的作用，又要遵循戏曲，保留牛金星戏份，如此就成了宋献策与牛金星商议后献计。如果没有一个蓝本，作者本可以将这个虚构桥段完全转移到宋献策身上。这种人物杂乱间出、无用"废笔"较多的情形正是小说受戏曲影响较深、改编限制较多导致的。

（三）蔡懋德太原殉节

《铁冠图全传》中太原城上蔡懋德射中的是李自成肩窝，李自成召老神仙医治，老神仙随即提出写信给张雄，令张雄献城。小说中将李自成左目中箭的情节移到其攻汴梁时，为虚构人物阎如玉所伤。按诸书中射中李自成的人有陈永福（《明季北略》）、陈德（《守汴日志》《豫变纪略》）、左明国（《新编剿闯孤忠小说》）等说法，地点都在汴梁。最早将太原巡抚蔡懋德与射李自成左目捏合的作品应该是《表忠记》：“兵至太原，懋德坐城楼骂贼，发矢中自成左目。出兵击贼，贼败去。”（《曲海总目提要》卷四十六）而《铁冠图全传》依照史实将地点改回了汴梁，又别出心裁地让投奔亲戚陈永福的阎如玉报了家仇。但又受《表忠记》的影响，沿袭了蔡懋德城头射箭的情节，只是射中的地方改成了肩膀。

《铁冠图全传》后文写到老神仙混在难民队伍中进入太原城，在城中放火，蔡懋德听闻汪巡抚被杀，又见中军府起火，自知大势已去，与应时中自缢武帝庙中。这段情节也来自《表忠记》：“时宗友巡历平阳府。自成子双喜，以孩儿兵伪为歌童，赚宗友入城杀之。平阳陷，自成大喜，遂僭号，改双喜名洪基，即以为伪年号。……自成方患懋德守太原不得破，而参将张雄与洪基通，许为内应。……贼以内应猝入城。”（《曲海总目提要》卷四十六）剧中李洪基以孩儿兵装作歌童，骗巡按汪宗友（《虎口余生》作汪惟效）开城，将其杀死，《铁冠图全传》将赚城一节移到守太原的蔡懋德身上，为了接续前文，还将勾连张雄的人从李洪基改为老神仙。

历史上确有一山西巡按汪宗友，曾弹劾蔡懋德怯战（《崇祯长编》作汪惟效，《明史》有三处提到他，均与此事无关），但于太原失落后汪宗友的下落只字未提，可见汪宗友被杀并无史实依据。《铁冠图全传》第十九回中蔡懋德召集诸将防守同见巡按汪直，此处连汪宗友的姓名官职都讹误了，还将其弹劾蔡懋德、百官闭城请留一节削去，只让他在旁白中出现。实际上删掉这个人物也不会对剧情造成影响，但作者还是在蔡死节前加了一笔写他被杀，这很有可能也是为了对应戏曲情节。

（四）周遇吉夫妇死难

周遇吉之妻，《铁冠图全传》作白凯之妹白玉贞，写其曾率女兵踩营救夫，后被围自刎。然而在“虎口余生”系统中，周妻只在《别母》一出中随周母出现，在周遇吉离家后就率先缢死，是一位连姓氏也没有留下的龙套配角。《明史》记载周遇吉妻子姓刘：“夫人刘氏素勇健，率妇女数十人据山巅公廨，登屋而射，每一矢毙一贼，贼不敢逼。纵火焚之，阖家尽死。”（《明史》卷二百六十八）各家野史杂传如《甲申传信录》《启祯野乘》都记为刘氏，而周妻白氏的说法目前只见于《铁冠图全传》。《曲海总目提要》云："今云杜勋督宁武军，出战被擒，回入关内，逼遇吉出战，潜引李岩李牟兵入关，遇吉战败，回至关下。岩等令遇吉妻白氏招其夫降，白氏激遇吉死战，为贼所杀，遇吉亦自刎。"（《曲海总目提要》卷三十三），《铁冠图全传》还在戏曲基础上对周白二人的结合作了详细描绘：陕西军门洪承畴悬赏招募勇夫捕贼，周遇吉与剑山村人白凯同来报功，偶遇白凯之妹玉贞，与其斗武，不分胜负，白凯遂以妹妻之，这实际上已经带有初期英雄传奇的色彩。

且杜勋降于宣府并非宁武，而小说中更是增添了周遇吉对监军杜勋不恭以致杜勋怀恨在心，潜通自成，在遇吉中伏时按兵不出一段："杜勋被他羞辱一场，密叫李忠设计，将周遇吉谋害。那李忠原来系贼将草上飞刘友，前领李闯之命，带了财宝进京，改名换姓，夤缘钻刺，投入杜太监府中，做个心腹家人。今见杜太监问计，便叫他私通闯王，献了宁武关，一来报此仇恨，二来富贵不小。……李闯大喜，即与宋炯商议计策。宋炯教李闯明日亲身出战，诈败引周遇吉入马耳山。山中埋伏人马，将他困住。"（《铁冠图全传》第二十四回）应是根据戏曲演绎，而非改编自史实。

同样的，周遇吉擒李洪基也非实有，而是来自《表忠记》。《铁冠图全传》第二十三回写周遇吉与李洪基步战，生擒李洪基将其绑在帅字旗上，要挟李自成归降，自成正在犹豫，部下众将不从，李洪基被杀。按历史上并无周遇吉擒李洪基一段，且据顾诚先生考证，小说中的人物李洪基（原名双喜）可能是历史上的张鼐，而张鼐并非死于周遇吉之手（顾诚《明末农民战争史》）。这段传说最早见于顺治十一年《太原府志》中《周遇吉传》页面上方的小字："杀贼子洪基，贼闯求释子引退，公不允，杀贼大溃。"（顺治《太原府志》卷一）后来为《表忠记》发扬光大，遗民外史《虎口余生》中《步战》《拜恳》和《昆曲粹存》中《对刀》《拜恳》等出描述的就是此事，只是戏曲中劝阻李自成的将领是牛金星。小说中周遇吉一线后来又插入了部分戏曲《铁冠图》的内容，说已见前，又写他在战败后奔入岱州城作别母亲，其母为免儿子挂碍，率全家自焚。这一段也是来自《表忠记》，今《虎口余生》《昆曲集成曲谱》《昆曲粹存》《审音鉴古录》均保留了这一出，名为《别母》，可见其流行程度。

周遇吉的事例最能证明《铁冠图全传》"集大成"的特性，作者承袭了戏曲舞台上最脍炙人口的剧目，又采择戏曲《铁冠图》补足了《表忠记》对周遇吉夫人叙述简略的缺陷，以使剧情更加跌宕、人物更加丰满。

三、其他旁证

（一）陆次云《圆圆传》

陆次云《圆圆传》对陈圆圆的身世经历有详细记载，着力塑造的是一位色艺双全、智勇兼备的完美女性。文中的陈圆圆极具个性和智谋，在吴三桂赍金往聘时虽已先归皇亲田畹，但仍"以不得事吴，怏怏也"，被献给崇祯后又"扫眉而入，冀邀一顾"，即便被退回田邸也未见消沉，而是又积极为田畹出谋划策，劝田畹设席请吴三桂观赏歌舞，以结纳吴三桂自保，并在行酒时对吴说："红拂尚不乐越公，矧不逮越公者耶。"（况周颐、李根源《陈圆圆事辑》）完全是一派"慧眼识英雄"的女豪杰风度，在乱世中勇于主动出击、把握命运，而不是以一般作品中随波逐流、身不由己的受害者身份出现。唯有如此，陈圆圆才能在李自成事败欲杀之时全身保命，又以巧言说服李自成将她留在北京，最终得与吴三桂团圆。经过前面的一番铺垫，这一情节便显得水到渠成。而《铁冠图全传》中提到陈圆圆的部分则非常简略，仅描述其在吴三桂借清兵中发挥了导火索的作用，于她的身世及归吴的经过则一字不提，唯有单独撷取《圆圆传》这一段较为详细，却因并不能展现圆圆的整体性格而稍显突兀，作者的意图更多地还是为了借此丑化李自成。

况周颐在《陈圆圆事辑》中称"大概陆传微词较多"，指的即是陆次云传记中虚构的细节更多。通过前面的分析，笔者认为此事很有可能来自陆氏想象，而难说是袭自《铁冠图全传》。而陆次云此作收在康熙二十二年（1683）张潮所编《虞初新志》中，虽然最初脱稿并不一定在此时，但产生巨大影响则应在此之后。

（二）禁毁书目

实际上，还有外部证据指向《铁冠图全传》至晚可能要到乾嘉时期才出现。据统计，乾隆四十七年（1782）四库馆臣英廉上奏共缴进了三百二十五部、二千一百二十三本应毁书籍。不同于康熙、雍正两朝禁书多集中于淫词艳曲、妇女搬演，乾隆三十九年（1774）的诏书表明此次禁令针对的主要是涉及明末史实的文献："况明季造野史者甚多，其间毁誉任意，传闻异辞，必有诋触本朝之语，正当及此一番查办，尽行销毁，杜遏邪言，以正人心而厚风俗，断不宜置之不办。"（《明清史资料》）而在乾隆四十三年（1778）江宁布政使刊《违碍书籍目录》中赫然就有《剿闯小说》《樵史演义》《定鼎奇闻》等闯王小说在列（王晓传《元明清三代禁毁小说戏曲史料》）。《定鼎奇闻》称清军是神兵下凡，谀清颂清的迹象已相当明显，尚且难逃此劫，《铁冠图全传》却未列其中，除去文献缺失和易名流传的可能性，则只能解释为此时这部题材相同、内容相似的《铁冠图全传》并未出世。而到了乾隆中期直至道光以前，社会稳定，厉禁稍弛，《红楼梦》《儒林外史》等已将批判的触角深入封建统治根本领域的作品尚且有为统治阶层所喜爱的例子，这一部宣扬封建道德、为清政府大唱赞歌，并且有一定群众基础的小说在此时诞生便不足为怪了。所以，或许可以得出结论，那就是《铁冠图全传》的成书时间最早也要到乾隆四十三年（1778）之后。

（三）传闻异辞

《曲海总目提要》指出《表忠记》里边大绶事迹来源于崇祯十五年（1642）五月十四日塘报（顾炎武《明季实录》卷四），曹寅友人刘廷玑的《在园杂志》也提到曹寅摭取边大绶所作文言自传《虎口余生记》入曲（《在园杂志》卷三），将这两种资料与戏曲对比，则知所言非虚。直到乾隆初年，遗民外史在删削《表忠记》仍原封不动地保留了历史原貌。然而从康熙后期开始，另一种经过更多加工的版本开始悄然流行。刊刻于康熙五十四年（1715）的《在园杂志》记录了这则传闻，开头即称："闯贼李自成，人皆知因祖坟被掘，泄气而败。然知掘坟者为米脂令边长白，而不知设计用智，皆门子贾焕成之也。"（《在园杂志》卷一）以秘闻新说自居。内容概括如下：李自成之兄李自祥改姓张，仍在米脂任县役。一日，知县边大绶遇一卖蒜者前来投状，至堂屏退众人，自称内监，出示密旨，令边掘自成祖坟。边方忧心，为门子贾焕所见，询知情由，告以张自祥身份，且言其与县役二十人结盟为兄弟，约定义军一至即为内应。边即召之，假言与之结纳，借出猎之机觇知祖坟所在，后趁自成将攻潼关，付金遣自祥等人先行投款，已则与家人潜去伐墓，见有黄毛白蛇等异象，败之，适自成兵败河南，一目中矢。数日后贾焕入内，劝边弃官归隐，边遂闲住京师，数年后遇一老僧求见，边出见，即贾焕，两人历数往事，相对而泣，自认明朝无名忠臣。

刘廷玑自称得自边大绶之侄淮南边别驾声威，然与边大绶自叙及史籍记载均不甚相合，尤在戏剧性和神异色彩上更类小说家笔法。乾嘉年间焦循在《剧说》中也采录了这则传闻(《剧说》卷三)，可以见出保存新说的用意。

还有一处值得注意，就是《在园杂志》将李自成左目中箭与边大绶掘坟相比附，认为这是掘坟带来的灵应，这一点的处理与戏曲明显不同。但实际上两件事并非同时发生，边大绶掘坟在崇祯十五年(1642)五月，李自成中箭则在崇祯十四年(1641)，所谓报应云云不过以讹传讹。然而这种附会却被普遍接受为事实真相，如袁枚诗《虎口行》中就有“贼婀艾朝栋报贼，贼大惊，登时一矢贯目惊”之句，后又言“梨园演公，观叹纷纷”(《小仓山房诗集》卷二十一)。其诗中叙述的其他情节都与边大绶自传以及塘报相符，此处则差异较大，可见在袁枚时代这种附会已经流行，以致掩盖了原有的戏曲情节。但在《铁冠图全传》中却尚未出现，这里只要稍微调整回目顺序即可，对于作者应非难事。通俗读物迅速吸收最新传闻的例子还有周遇吉擒李洪基，在最早的戏曲《铁冠图》中尚未出现，而从《太原府志》作者不满本传记载太简、特意在书页上部补足的做法来看，在顺治十三年这种说法已经有了相当的舆论基础，随后康熙年间的《表忠记》里就大书特书这一故事，并一直随着戏曲选本流传到晚清。可见小说既然有意搜集前人情节综汇成书，应当比较注重提高作品的曲折性和戏剧性，如果他的时代这种说法占主流，在作品中应该有所体现。

焦循和袁枚都是乾嘉时期的人，《剧说》成书于嘉庆十年(1805)，《小仓山房诗集》编成于乾隆四十年(1775)，所以《铁冠图全传》成书时间最晚可能要到嘉庆年间。

本文通过梳理与戏曲相关的内容，初步得出《铁冠图全传》成书于乾隆四十三年(1778)到嘉庆十年(1805)之间的推论。但受文献不足和笔者学识所限，这一推测还远不能成为定谳。这里只是提供一条新的思路，进一步的研究还有赖学者的共同努力。

(作者单位：山东大学尼山学堂)

石刻所见中古安阳佛教

卜成聪

安阳地处中原，位豫之北陲，西倚太行山余脉，东接华北大平原。安阳为县始于战国，东魏并入邺，隋时立安阳县，沿革至今。北朝时期邺城佛教兴盛，于东魏、北齐时成为新的北方佛教中心，邺西南的安阳地区故借山林成为佛教活动的重要场所，多位高僧在出任中央僧官的同时在安阳立寺修窟。但安阳佛教又在隋唐间因政治中心的转移而渐渐沉寂，因此安阳佛教的命运是地方佛教受政治影响而兴衰的重要样本。

安阳当地存有丰富的佛教碑刻、石窟、造像记与塔铭等石刻材料，其搜集整理工作始于清朝。清武亿纂修，赵希璜补遗的《安阳县金石录》，对安阳境内绝大多数石刻进行了录文。陆增祥《八琼室金石补正》与陆继辉《八琼室金石补正续编》中亦有辑录。民国顾燮光《河朔金石文字新编》中收集了不少《安阳县金石录》之外的石刻材料。新中国成立后《宝山灵泉寺》《安阳修定寺塔》对二寺进行了全面的考古整理，校识碑文与图样并附录照片。学者研究也主要围绕灵泉寺与修定寺展开，但尚且缺少对中古安阳佛教发展的脉络梳理与对唐朝中后期安阳佛教衰落的阐述。本文旨在从安阳的佛教石刻史料出发，以安阳僧人的籍贯与迁移为线索，描摹安阳佛教北朝时的兴盛图景，考察隋唐之际僧人于新旧国都之间的流动，并整理唐代塔铭，以管窥安阳佛教的兴衰。

一、东魏、北齐时期名僧流入安阳

北朝各代多崇佛，北魏政权的南移使众多佛教活动在陪都邺城展开，而彼时安阳佛教不显。东魏、北齐两代都邺城，奉佛教为国教，于是邺城成为北方的佛教中心，大量北方名僧入邺，“都下大寺略计四千，见住僧尼仅将八万。讲席相距二百有余，在众常听，出过一万。故寓内英杰，咸归厥邦”（道宣《续高僧传》）。而安阳正是在这一时期并入邺城。《续高僧传》载：“自神武迁邺之后，因山上下并建伽蓝。”为满足赴邺高僧修行等需要，在世俗的国都城外，多山林的安阳成为僧众居住的理想地点。故严耕望言：“邺中之盛不限于城内，其西山尤多佛寺。”（严耕望《魏晋南北朝佛教地理稿》）安阳佛教由此在官方的扶持下走向繁盛，一时名僧云集，各路名僧纷纷在此修寺开窟，以修定寺、灵泉寺、云门寺等为代表。

（一）修定寺

修定寺位于安阳清凉山，原名天城寺，始建于北魏太和年间，为北魏孝文帝所建。修定寺于东魏、北齐时期也得到了官方的关注，曾改名城山寺、合水寺，因法上得以兴盛。

法上，朝歌人，年少成名，被称为“圣沙弥”。后入洛阳，“博洞清玄，名闻伊洛”，时人语曰：“京师极望，道场法上。”（道宣《续高僧传》）法上作为名僧受邀入邺，并进入中央僧官系统。法上四十岁时蒙东魏大将军高澄奏请入邺，于魏、齐二代任昭玄统近四十年。天保年间北齐置十统，文宣帝手书任法上为大统，担任管理僧务的最高官职。法上还制定仪服，使道俗两异，对佛教制度改革起到了重要推动作用。道宣评价法上：“上摠担荷，并得缉谐，内外阐扬，皂白咸允。非斯柱石，孰此栋梁哉？”（道宣《续高僧传》）

修定寺在北齐时即文宣帝为法上重修，并赐名合水寺。《续高僧传》云：“山之极顶造弥勒堂，众所庄严，备殚华丽，四事供养，百五十僧。”而修定寺唐宋碑刻亦详载此事：

> 次有沙门法上者，汲郡朝歌人也。业行优裕，声闻天朝。兴和三年，

大将军尚书令高澄奏请入邺，为昭玄沙门都维那，居大定国寺而充道首。既非所好，辞乐幽闲，不违所请，移居此寺。澄又别改本号为城山寺焉。魏历既革，禅位大齐，文宣登极，敬奉愈甚。天保元年八月，巡幸此山，礼谒法师，进受菩萨戒，布发于地，令师践之，因以为大统。既见二水寺前合流，又改为合水寺焉。封方十里，禁人樵采射猎，仍给武官兵士，守卫修营。三时视觐，四事无阙。师以什物余积，拟建支提。有一工人，忽然而至，入定思虑，出观剞镌，穷陶甄之艺能，竭雕镂之微妙，写慈天之宝帐，图释主之金容。虽无优之役龙神，无以加也。(《大唐邺县修定寺传记》)

据碑文，法上居邺城大定国寺任昭玄大统，又因尚山水幽闲移居修定寺。文宣帝亲幸佛寺，礼拜法师，为寺赐名，重视非常。修定寺北齐现塔基还出土石舍利函，铭文为“天保五年岁次甲戌四月丙辰八日癸亥，大齐皇帝供养，尚书令平阳王高淹供养”(《安阳修定寺塔》)，为高齐官方支资助修定寺之实证。

(二)灵泉寺与大留圣窟

灵泉寺位于安阳宝山，原名宝山寺，始建于东魏武定四年(546)。《重建宝山灵泉禅寺并观音阁碑记》载:“魏武定四年，道凭法师创建宝山寺，造朱砂洞、响堂洞，各山岩造石佛百余处。”(《宝山灵泉寺》)释道凭，平恩人，从师慧光，终有所成，京师语曰“凭师法相上公，文句一代希宝”，卒于邺城西南宝山寺。(道宣《续高僧传》)道凭还于宝山开凿大留圣窟，东魏《大留圣窟题字》有:“大魏武定四年，岁在丙寅，四月八日，凭法师造。”(《宝山灵泉寺》)综上，释道凭来到安阳时间应不晚于东魏，于此建灵泉寺与大留圣窟，且二者并无明显官方色彩。

道凭有弟子灵裕，巨鹿曲阳人，出家后赴邺欲投慧光为师，因慧光已过世转投弟子道凭学习地论。又辗转拜师，学成后“邺下擅名，遐迩驰誉”，号“裕菩萨”。邺下谚曰:“衍法师伏道不伏俗，裕法师道俗俱伏。”(道宣《续高僧传》)昭玄诸统推举灵裕作法主，文宣帝令其住官寺，灵裕推辞不就，但由此可见灵裕得到了中央僧官系统的认可。灵泉寺即因灵裕所居而受官方重视。齐安东王娄睿奉灵裕为戒师，倾撒金贝，立《司徒公娄睿大方华严经碑》与《华严八会碑》，于是“宝山一寺裕之经始”。娄睿见于《北史》，为高齐皇室之外戚，可见灵裕不仅有资格进入朝廷僧官体系，也被皇戚权贵所推重拉拢。巨鹿灵裕与法上、道凭不同，法上与道凭居安阳前已为名闻天下的高僧，而灵裕则是因邺城为佛教中心而入安阳，再修习成为名僧。

灵裕弟子释慧休，瀛州人，闻灵裕法师震名西壤，于是远游京邺。灵泉寺岚峰山区有贞观廿一年（647）《慈润寺故大慧休法师灰身塔铭文》，载慧休事灵裕法师为息慈弟子。

灵裕弟子释道昂，魏郡人，初投灵裕法师出家，“常于寒陵山寺陶融初教，纲领玄宗”（道宣《续高僧传》）。寒灵山又作韩陵山，在安阳。

灵裕弟子释法砺，赵人，因宦遂家于相，归灵裕法师即度为弟子。因灵裕未任僧官，亦未见其居邺城佛寺，故推测其弟子亦居安阳灵泉寺。

以上各例说明至此各地多有志于佛学之人前往安阳求学，后留居安阳，成为安阳佛教的一部分。

（三）云门寺

云门寺位于安阳龙山，由文宣帝于北齐天保三年（552）为僧稠所建。僧稠，昌黎人，后居巨鹿，习禅法，游学四方，少林跋陀称其“自葱岭已东，禅学之最，汝其人矣”。后又受北魏孝明帝、孝武帝，定州刺史娄睿、彭城王高攸等召请供养，为一代高僧，“燕赵之境，道未通被，略言血食，众侣奔赴，礼觌填充”。齐天保二年（551）受诏，“令师赴邺，教化群生，义无独善”，文宣帝“躬举大贺，出郊迎之”。（道宣《续高僧传》）自此僧稠作为具有举国影响力的禅学代表进入邺城，为官方所推重。文宣帝对其极为敬重，曾亲受菩萨戒法；又断酒禁肉，放舍鹰鹞，去官畋渔；又断天下屠杀。由此可见，北齐建都邺城后，通过政治权力诏请当佛学领袖赴邺，礼遇深重，皇帝亲自习禅受法。邺城因僧稠成为禅法中心，从而进一步吸引禅学子弟入邺。

后僧稠希望广布道化，回归山林。文宣帝为挽留僧稠，于“天保三年下敕于邺城西南八十里龙山之阳，为构精舍，名云门寺，请以居之，兼为石窟大寺主，两任纲位，练众将千，供事繁委，充诸山谷”（道宣《续高僧传》）。僧稠可能与法上相似，既于邺城任职，又在安阳立寺修行。云门寺于是因僧稠而成为北朝学宗圣地。而云门寺从兴建到发展，物质上多仰赖朝廷的供给。文宣帝命送财货入寺，被拒后移置别处供养；命侍御送药，“观僧疾苦”；频送诏书手敕，常率羽卫参观。可见北齐对僧稠、云门寺给予了高度的重视与支持。

另僧稠还与安阳龟背山善应石窟有关。善应石窟中窟窟门上方刊刻《方法师镂石板经记》，云：

> 大齐天保元年，灵山寺僧方法师、故云阳公子林等，率诸邑人，刊此岩窟，仿像真容。至六年中，国师大德稠禅师重莹修成，相好斯备。方欲刊记金言，光流末季，但运感将移，暨乾明元年岁次庚辰，于云门帝寺奄从迁化。众等仰惟先师，依准观法，遂镂石班经，传之不朽。（《安阳县金石录》卷二）

“国师大德稠禅师”与“云门帝寺”体现出僧稠与云门寺的官方背景，而僧稠与其弟子重修善应石窟又推动了安阳佛教的发展。

僧稠弟子释昙询，弘农华阴人，后迁河东郡，僧稠居苍谷时便拜僧稠为师，居鹿土谷修禅，后因请法暂往云门寺。僧稠弟子释僧邕，太原介休人，十三岁于邺西云门寺依止僧稠而出家。僧稠弟子释智旻，居云门寺，安定释智首从云门寺智旻而出家，另太宁二年（562）《法懃禅师塔铭》载其卒于云门寺。

据此，不仅僧稠自身是邺城佛教的外来者，其弟子昙询等亦随师入邺，居安阳云门寺。云门寺成为禅学圣地后，又收纳了太原释僧邕、安定释智首等再传、三传弟子。此外，河东法懃与僧稠的关系虽不确定，但也被云门寺吸引，来到安阳。

综上所述，北魏时期邺城地区虽也为佛教重镇，但远不及国都洛阳。及至尔朱氏之乱与东魏、北齐迁都邺城，使邺城渐渐取代洛阳成为北方的佛教中心。魏斌指出，南朝皇室、士族在建康任职的同时，也在东郊、钟山开辟园宅满足生活、文化等需求。（魏斌《“山中”的六朝史》）邺城西郊安阳的情况同样可以这样理解。如法上、僧稠等名僧虽在邺城任僧统，但出于修行等需要还须在城外山林立寺开窟。于是随着邺城佛教兴盛，来自外地的高僧在官方的支持下，多居于西倚太行山脉的安阳，安阳佛教得以繁荣。安阳地区佛教的兴盛又对全北方的僧众形成了巨大的吸引力，许多寂寂无名的年轻僧人如灵裕等前往安阳，从学于各位名师，而后再自成一家，于安阳等地立寺开窟，成为邺城佛教新的组成部分。概言之，东魏、北齐时期先主要由政治力量推动名僧入邺，在官方的支持下，这些僧人同时于安阳开展各种佛教活动，后转变为主要由僧众因中心效应自发前往邺城与邺郊安阳。

二、北周灭佛与隋唐之际安阳名僧的外迁

安阳佛教虽在北齐时繁盛一时，但在北周时受到了武帝灭佛的巨大打击。后经隋唐嬗代，虽有复兴，但国都已迁，邺城佛教不复鼎盛，安阳名僧多随政治中心的转移而外迁至两京等地。

（一）周武灭佛对安阳佛教的打击

北周初地狭民贫，远不及北齐地广国富。周武帝要统一中原，必须消灭北齐；要消灭北齐，必须富国强兵，于是“求兵于僧众之间，取地于塔庙之下”便成为他的政策了。（王仲荦《魏晋南北朝史》）周武帝在建德三年（574）“初断佛、道二教，经像悉毁，罢沙门道士，并令还俗。并禁诸淫祀，礼典所不载者，尽除之”（令狐德棻《周书》）。安阳佛教在周武帝灭北齐后也遭受了同样的命运，周武帝“既克齐境，还准毁之。尔时魏齐东川佛法崇盛，见成寺庙出四十千，并赐王公充为第宅。五众释门减三百万，皆复军民还归编户。融刮佛像焚烧经教，三宝福财簿录入官，登即赏赐，分散荡尽”（道宣《集古今佛道论衡校注》）。

灭佛后安阳寺院破坏严重，僧人纷纷隐遁入山林村落。《大唐邺县修定寺传记碑》载：

> 自后齐师失律，鼎迁于周。建德六年，武帝纳张宾邪谏，先废释宗。邺城三县二千余寺，限十日内并使焚除。此寺于时，亦同毁灭。赖使者深重三宝，不忍全除，虽奉严敕，才烧栏槛阶砌，拆去露盘仙掌而已，是以齐国灵迹，此塔独存也。

据碑文，修定寺同邺城二千余寺同在十日内被焚毁，仅佛塔独存，安阳佛迹大为损毁。安阳僧不及山寺，但仍坚守佛法。法上“私隐俗服，习业如常，愿若终后，觐睹慈尊，如有残年，愿见隆法，更一顶礼慈氏如来，而业行精专，幽明感遂”。灵裕也“潜形世壤，衣以斩缞，三升之布，头经麻带，如丧考妣”，但仍坚持等待佛法复兴，带领“同侣二十余人居于聚落，夜谈正理，昼读俗书”。（道宣《续高僧传》）

（二）安阳佛教复兴与僧众外迁

幸而周武灭佛仅历时四年，并未损毁北方佛法根基，随着周武帝的过世，大象元年（579）宣帝便“初复佛像及天尊像”，安阳佛教亦得以恢复。后隋文帝灭周建隋，又大力支持佛教发展。《隋书·经籍志》载：“开皇元年，高祖普诏天下，任听出家，仍令计口出钱，营造经像。而京师及并州、相州、洛州等诸大都邑之处，并官写一切经，置于寺内；而又别写，藏于秘阁。天下之人，从风而靡，竞相景慕，民间佛经，多于六经数十百倍。”相州治所即在安阳。虽然安阳已不再有国都之尊，但仍为“大都邑”，受到中央的重视。

安阳继承了北朝的佛教遗产，焕发出新的活力。虽法上卒于北周大象二年（580），但修定寺至隋时仍是当时名寺，修定寺之名即隋文帝所取，碑文有记：

> 自后周氏无道，神器授随，文皇践祚，大宏佛法。开皇二年十月十五日，下敕修理，度人配住，改名为修定寺，封疆赒给，一同齐日。（《大唐邺县修定寺传记碑》）
>
> 隋开皇载，灵兴□教，大阐玄宗，修定之号，于斯建矣。（《大宋天城山修定寺奉敕存留记》）

据碑文，隋文帝不仅赐名，寺庙修理，迁僧居住，都由隋文帝下敕开展，并且待遇如前，可见其对安阳北朝故寺的重视。灵泉寺也在齐亡之后遭受重创，《慈润寺故大慧休法师灰身塔铭文》云：“灵泉道场，自齐亡之后，堂阁朽坏，水泉枯竭，荆棘荒芜。”灵泉寺受周武灭佛的破坏，直到隋文帝开皇三年（583）才得以修复，招引僧徒。又有《有隋相州天禧镇宝山灵泉寺传法高僧灵裕法师传并序》载："（隋文帝）并送绫锦衣服，绢三百段，助营宝山寺。御自注额，改号灵泉，盖取八山之泉，师之上字合，以为称圣意，欲存师名之不朽耳。"灵泉寺亦由隋文帝赐名并资助。

《续高僧传》载灵裕"营诸福业、寺宇、灵仪，后于宝山造石龛一所，名为金刚性力住持那罗延窟，面别镌法灭之相"。即灵裕继道凭开凿大留圣窟后，开凿大住圣窟，有隋朝摩崖石刻。大住圣窟的开凿没有明显官方支持的痕迹，更像是由名僧灵裕所推动。而宝山还有至少6处隋代窟龛，其开凿修筑的僧人均不见记载，但带动了唐代宝山灵泉寺周围的塔林之风，其行文与佛塔形制成为后代的基础格式。说明周武灭佛之后的安阳佛教并没沉寂，虽然没有北齐时帝王重视的关注程度，但其自身仍得到了一定程度的发展，并出现了新的丧葬形式。

《续高僧传》载："大隋受禅，天步廓清，开皇之始，蒙预落发，旧齿相趋，翔于雒邑，法门初辟，远近归奔，望气成津，奄同学市。"由此可见隋初僧众迁赴两都之势。隋唐之际，两京逐渐成为佛教中心，安阳高僧也多前往洛阳与长安，一如东魏北齐之时名僧入邺。僧稠弟子释僧邕于开皇九年（589）被召入京，"道俗莫匪遵奉"，于贞观五年（631）卒于化度寺。智旻弟子，即僧稠再传弟子释智首在隋世入关，"三十余载，独步京辇，无敢抗衡"。贞观八年（634）被召为弘福寺上座，"即总纲任，采擢僧伦"，最后卒于贞观九年（635），开创自隋至唐首例僧人国葬。法上弟子释慧远于隋时受敕授洛州沙门都，匡任佛法。又任大德，"仍与常随学士二百余人创达帝室，亲临御筵，敷述圣化，通乎家国"，居长安兴善寺。又于京师修净影寺，"四方投学，七百余人"，开皇十二年（592）卒于寺中。（道宣《续高僧传》）

当然也有留守安阳的僧人。灵裕就曾受召入京，但又旋即返回安阳。《有隋相州天禧镇宝山灵泉寺传法高僧灵裕法师传并序》载：

> 开皇十一年，文帝诏裕入长安，令住兴善寺。延入宫掖，与皇后独孤氏归敬之，礼求受菩萨戒。师曰：至尊是万基之主灵，裕乃凡庸比丘，讵敢为师也。逊辞不已，方始从受。未几，诏为国统。裕因辞，请归于邺。……既还相州，更住演空寺（今净明寺是也）。……裕以大业元年，终于演空寺，道俗相与殡于宝山灵泉寺侧。

灵裕于北齐之时就不愿出任昭玄，至隋，相州刺史又欲立灵裕为都统，甚至隋文帝也召请灵裕入京，安置于兴善寺，并求受菩萨戒，任国统。可见灵裕德高望重，隋朝迫切希望得到他的影响力。《历代三宝纪》亦载："裕入京至见阙庭，劳问殷重。"即便灵裕固辞，返回安阳，还命重臣诸公等"诣寺宣旨，代帝受戒忏罪"，又下诏慰问。最终葬于安阳宝山灵泉寺。灵裕弟子或也随师，多不入京。灵裕弟子慧休于贞观九年（635）受召，令入京师，以疾病推辞不入，最后于贞观廿年（646）坐化，建佛塔于灵泉寺东岚峰山。灵裕弟子释道昂，贞观七年（633）卒于报应寺，于韩陵山凿窟处之。灵裕弟子释法砺，贞观九年（635）卒于日光寺，《续高僧传》不言其至两京，或也留居相州。

汤用彤《隋唐佛教史稿》云："隋唐佛教，承汉魏以来数百年发展之结果，五花八门，演为宗派。"吕澂《中国佛学源流略讲》也认为："隋唐两代是中国佛学的构成时期，这种构成是以宗派的形式出现的。"隋唐时期活跃于两京地区的佛教宗派，很多都发源于安阳，如律宗、三阶教等。智首于隋代入关，其弟子道宣于终南山创立律宗，成南山派。法砺则于相州日光寺创相部宗，其弟子满意、道成等传相部宗于长安，明导、昙光、定宾等传相部宗于洛阳。而道成又传怀素，怀素创东塔宗。可见盛行于两京地区的律宗三家均与安阳名僧有渊源。唯识宗创始人玄奘，也曾北游从学于灵裕弟子慧休。又三阶教创始人信行早年于安阳光岩寺传教，与僧稠弟子僧邕同游，灵泉寺大住圣窟刻经多与三阶教思想相合，灵泉寺塔林多体现三阶教林葬等特点，且信行弟子灵琛灰身塔也位于宝山。因此基本可以确定信行于长安创三阶教，受到了北朝安阳佛教的影响。无论是流入两京地区的智首、僧邕，还是留居安阳的灵裕及其弟子，都对两京佛教仍造成了重要影响。

因此虽然安阳佛教于北周武帝灭佛时受到重大打击，修定寺、灵泉寺等名寺被毁坏，法上、灵裕等高僧纷纷隐入山林与村落。但灭佛运动结束后，安阳佛教又得以恢复。不过安阳已不再有国都的地位，佛教终因政治中心的转移而不复北齐时的鼎盛。入隋后，隋文帝推重安阳佛教，修复北朝故寺，给予物质支持。然而更重要的是隋文帝大力召请安阳名僧入洛阳、长安，大德高僧由安阳迁至两京地区成为主流，两京地区借由国都的地位成为佛教中心。安阳对两京佛教的影响除了大德高僧的转移外，安阳地区北朝繁盛的佛教思想也成为洛阳、长安隋唐佛教的宗派的源头。即便灵裕、法上等并未常驻二京，其弟子也将他们的思想传播出去，极大地影响了律宗、三阶教等宗派的创立与发展。可以说，安阳佛教从僧人、思想两个方面向长安、洛阳转移，隋唐之际，两京佛教在一定程度上吸收了安阳佛教而得以繁盛，而安阳佛教则由此在唐代逐渐衰落。

三、唐代安阳佛教的衰落

入唐后相州治所又转移到邺城，安阳成了相州所辖的普通县城，于是安阳渐渐失去了中央的关注。唐代安阳还留存了许多石刻史料，主要集中于唐朝前中期，其中最主要的石刻材料是灵泉寺周围宝山、岚峰山与马鞍山上的塔铭。《语石》云："释氏之葬，起塔而系以铭，犹世法之有墓志也。"灵泉寺中有纪年显示为唐代的佛塔龛窟56处，是非常重要的唐代僧众丧葬群，集中展示了唐代安阳僧众的生平活动。

记载有寺院与僧人信息的塔铭中，其中18位居圣道寺，8位居光天寺，8位居慈润寺，2位居灵泉寺，2位居报应寺，1位居光岩寺，1位居龙兴寺，1位居大云寺，1位居愿力寺，1位居清净寺。灵泉寺与光岩寺为北朝时灵裕与僧稠所居的安阳名寺，但其唐朝及后世的变化鲜有记载。来源最多的圣道寺、光天寺也不见于记载。慈润寺则因释慧休见于《续高僧传》等书，但也不清楚其具体所在，只能因其较多的起塔数量大致推测该寺在宝山、岚峰山附近或在安阳地方。《续高僧传》载灵裕弟子释道昂卒于报应寺，但未记该寺在何处，以现知道昂生平活动均在安阳推测报应寺或也在安阳。至于龙兴寺，《唐会要》云："右补阙张景源上疏曰：伏见天下诸州，各置一大唐中兴寺观……其天下大唐中兴寺观，宜改为龙兴寺观。"故推测此寺为相州中兴寺所改的龙兴寺。大云寺与龙兴寺情形相类，《旧唐书》载："有沙门十人伪撰大云经，表上之，盛言神皇受命之事。制颁于天下，令诸州各置大云寺，总度僧千人。"故此寺或也为中央于相州官办之大云寺。《长安志》载愿力寺废于隋大业七年（611），与塔主之年不合，不明此愿力寺位于何处。清净寺塔铭载其位于安阳南临河县。可见除不明位于何地的寺院外，唐代灵泉寺塔龛主多居于安阳及其附近。且这些寺院都名声不大，少见于古籍，即便是灵泉寺等北朝名寺在文献中也罕有隋后发展变化的痕迹。

佛塔塔主亦多不见于记载，只能从塔铭中获取其生平信息。灵泉寺佛塔多建于唐朝初年，从含纪年的塔铭中可知有太宗年间17座、高宗年间29座、武宗年间3座、玄宗年间4座，大多数都在七世纪。其中大部分塔铭篇幅短小，与宝山隋代塔铭相似，仅有基本的格式。而突破最基本的格式，篇幅较长的塔铭集中于贞观年间。说明其实受弟子等敬仰，享长篇塔铭的塔主实际上多活跃于唐前，宝山塔林唐初的繁盛实际上还是仰赖北朝与隋代安阳佛教的影响。这些塔主也大多生于东魏、北齐年间，因为当时的佛教中心为邺城，便从韩州涉县、河东闻喜、东郡白马、陇西敦煌等地前往安阳地区，这也符合前文揭示的大致轨迹。

盛唐时期，灵泉塔林亦有名僧，长篇塔铭也曾集中出现。《大唐愿力寺故瞻法师影塔之铭并叙》载塔主为安阳人，求学于智神寺与硖谷寺。愿力寺与智神寺不见于记载，硖谷寺位于安阳西林虑县，可大致推测其塔主活动大致在安阳周围。又有《大周相州安阳灵泉寺故□主大德智法师像塔之铭并序》，载塔主生于邺城，从学于大慈寺、灵泉寺、慈润寺，起塔的门徒为大云寺僧玄皎、玄果，灵泉寺僧玄晤、玄晖等，故也可推测塔主为安阳地方名僧。《唐故方律师像塔之铭》中方律师也为邺下人，塔铭云其："年十三，就当县大慈寺□□上诵《法花》《维摩》等经。年廿三，沐神龙元年恩敕落发，配住龙兴寺，依止大德恪律师进受戒品"，同样不出相州。嘉运则不同。《大唐相州安阳县大云寺故大德□□法师影塔之铭并序》载：

> 法师讳嘉运，字灵惠，俗姓刘氏。其先帝王汉高祖之苗，彭城人也。远祖因宦，遂此居兴，子孙派流，于兹不绝，遂为魏郡人焉。法师宿植胜因，生而奇状，早怀慕道，弃俗归真。年十岁，遂投慈润寺方天禅师，出家习业。至年十六，逢广启度门，便家剃染，配本县大通寺。……遂投河南府佛受记寺翻经大德感法师，亲承左右，学《解深密》《法华》《仁王》《转女身》《梵纲》等经，《成唯识》《俱舍》等论。……奉敕便留

住佛授记寺，辅充翻经感法师侍者。后蒙本州大云寺牒，充律师教授。至景云年中，属国家大弘佛事，广阔僧方，以圣善初成。□拓硕德，以法师道齐林远，业绍□安，遂蒙征召赴都，充其大德。归□者若雾，渴仰者如云，三二年间，传灯无替。后为情深色，奏请牒□乡住大云寺。虽解行周瞻，常怀□足之心，更投□宗懋法师咨□异见。……春秋卌有九，夏腊二十有七。以开元四年六月廿六日，于汾州平遥县福聚寺端拱厌生，奄然□迁。有侄男慈润寺僧元晞，斯乃不惮艰□，遂涉山途，申哀展孝，阇毗事毕，取骨归乡。门徒与侄同寺僧圆满等，师资义重，攀慕弥殷，思出世之因深，想入道之缘厚，傍求良匠，远访丹青，遂于州西南五十里灵泉寺西南悬壁山南面之阳，敬想灵仪，□为起塔……

其师德感法师见于《宋高僧传》，载其“后充河南佛授记寺都维那，晚升寺任，中外肃然”。佛授记寺在洛阳，为翻译之所，塔铭中也称德感为“翻经大德感法师”，称嘉运为“翻经感法师侍者”。嘉运少时出家于慈润寺，进入河南府官方译经佛寺，后受召入都成为大德，最后又蒙慈润寺侄子与弟子归葬于安阳，是少见的进入官方体制并受到中央认可的唐代安阳名僧。

综上，卒于盛唐的安阳僧人大致活跃于隋代与唐初。除嘉运外，此时安阳地方名僧不仅多来自安阳及其附近地区，活动范围也大致仅达到安阳周边，或许可以说明安阳佛教进入唐代之后逐渐缩小至仅有地方性的影响力，且在国家主流佛教活动之外。至唐代中后期的安阳僧徒则少有在灵泉寺塔林留下痕迹，从造像上看中、晚唐所造窟龛造型和刻工明显笨拙，较盛唐时期大为逊色，可见安阳佛教走向衰落。

现存唐代安阳石刻集中于唐初，主要为灵泉寺塔铭，至唐中后期只可见零星题记。且塔铭所记寺院、僧徒多不见于记载，声名不显。唐初塔铭所记实为活跃于北朝、隋朝的僧人，他们也多循北朝僧人转移轨迹来到安阳，但是没有受中央敕召，或从灵裕留守安阳，起塔宝山。唐初宝山塔林的兴盛其实还是仰赖于北朝安阳佛教的繁荣。至盛唐时期的塔铭则显示安阳地方名僧基本生于兹长于兹，活动范围大致不出相州，死后亦归葬于安阳佛教名胜，可见安阳佛教繁盛不再。灵泉寺塔林还有浓厚的三阶教色彩，其塔铭最晚仅见于玄宗年间，或许也与三阶教的消亡有关。中晚唐北方战乱频繁，引发北人大量南迁，安史之乱与魏博反叛时安阳都曾作为战场，可能对安阳佛教造成不小的打击。即便会昌法难并没有在河朔三镇得到贯彻，但此时的安阳佛教已经沦为了普通的地方佛教。

结　语

政治中心往往就是佛教中心，其政治地位的高低一定程度上决定佛教兴旺的程度。（李映辉《唐代佛教地理研究》）安阳佛教的命运受其政治地位的变化而转变。从僧徒流动的脉络来看，东魏、北齐建都邺城，安阳佛教作为邺下佛教的一部分而得以兴盛，从北方吸引了僧稠、法上、道凭与灵裕等诸多大德高僧，他们所修的修定寺、灵泉寺及石窟成为安阳佛教鼎盛的重要标志。即便遭受周武灭佛的打击，佛寺毁坏，僧众归隐，但在灭佛后也得以恢复发展。至隋唐之际，政治中心转移到两京地区，北朝安阳高僧受诏前往新的中央地区成为主流，安阳僧人及其思想的转移影响了洛阳、长安佛教宗派的形成。而因年岁已高、不愿出仕等原因，留守安阳的灵裕及其弟子于灵泉寺起塔，促成了唐初宝山塔林的兴盛，但这也只是北朝安阳佛教的余晖，至唐中期塔主已多为安阳地方僧众，起塔灵泉最终因三阶教的湮灭而消歇。最终随着唐帝国的衰落，安阳佛教或许因接连的战争与动荡的社会渐渐式微，衰退为普通的地方佛教。

（作者单位：山东大学尼山学堂）

党争视域下的北宋祠禄制度与士人文学（上）

贾越茹

祠禄制度为宋代所特有。宋神宗以前，朝廷常赋予即将致仕的年老重臣宫观闲职，以彰显对士大夫的优待。而自王安石变法之后，一部分反对新法者亦被授予祠禄官的闲职。自此时起，朝廷任政见不同者为祠官，便有排斥异己的意图在。由此可见，北宋中后期的祠禄制度与党争有紧密联系。

学界近年已然提出“祠官文学”的主题。侯体健在《士人身份与南宋诗文研究》中首先指出：“它的范围从奉祠者角度来说，可以包括从请祠、奉祠、归祠、罢祠等一系列书写与祠禄状态相关的作品……从他者角度来说，祠官文学又可以包括送归、饯别、安慰、回忆、想象、唱和等围绕他人领任祠官而产生的诗文。”值得注意的是，有关这个主题的探索目前大多数集中在南宋时期，而对于北宋时期的祠禄制度与文学文化的关系，却鲜有论及。梁天锡先生在《宋代祠禄制度考实》对祠禄制度的分期中指出，神宗朝至徽宗朝是祠禄制度的重要长成、兴盛时期。此时在党争影响下，祠官性质发生改变、数量大幅增加。虽然按照侯体健先生的说法，北宋实在是不存在成体系的祠官文学：“北宋祠官由于数量少，难成气候，未能对士大夫阶层的生存状态与整体心理产生太大作用。”（侯体健《南宋祠禄官制与地域诗人群体：以福建为中心的考察》）但难以否认，祠禄制度对党争中的士人确有一定影响。即使这种影响与南宋时期比尚有差距，但由于北宋祠官不乏政坛和文坛的重要人物等原因，还是能一窥祠禄制度在新旧党争之下对于士人文学的特殊影响。另外，此时以祠官为主题的文学书写在士人的创作中也逐渐成形，这对研究党争下的文学生态以及祠官文学的发展均有重要意义。本文拟从北宋党争下的祠官心态、祠官自我身份认同以及祠禄制度对于诗人群体的影响三方面着手，探究党争视域下祠禄制度对北宋士人与其创作的影响。

一、党争下的祠官心态与文学书写

北宋新旧党争与祠禄制度相联系，最早是在王安石变法期间。在新旧两党势力消长之间，执政党常对另外一党成员进行政治倾轧。此时祠官开始脱离单纯的道教宫观官或闲职范畴，祠禄制度作为一种“委婉的贬谪”，在党争背景下被赋予全新的政治功用。此时的祠官多以旧党成员为主，依照时间顺序，可将他们大致分为两个群体：一是熙丰时期因反对王安石新法而奉祠者；二是哲徽二朝由谪人起复与祠者及因坐党事而被贬为祠官者。祠官的心态往往与党争紧密相连，其诗文展现出了党争对士人的深重影响。

（一）神宗朝：年老旧臣的任祠

祠禄制度在熙丰年间虽因王安石变法而成为冷落官员的政治工具，但仍保留着优待士人的原意。在与祠官友人的赠答中，时人并不掩饰自己对奉祠生活的钦羡。如范镇《送罗郎中登管勾玉局观》：“道话忘心境，仙歌作步虚。”（傅璇琮等主编《全宋诗》）又如韩维《偶成寄曼叔》：“闻说年来亦归兴，琳宫仙籍旧无员。”他们认为做祠官有助于“忘心境”，挂衔宫观是远离世事纷扰的好去处。再看一首范镇的诗：

> 匹马西归去，知君得意偏。人情重乡里，官职更神仙。晓后无衙喏，旬头有俸钱。何须驾白鹤，辛苦上青天。（《送罗胜卿同年提举玉局观》）

诗为送友人任祠官之作，浑然一派潇洒自如的景象。从此诗中可以看出祠禄对士人的三方面吸引力："晓后无衙喏""旬头有俸钱"与"官职更神仙"。祠禄制度本意为"佚老优贤"的政策，被任命的祠官无须至宫观任职，且每月有固定的俸禄；此外，祠官作为挂名在道教宫观下的虚衔，自然有一种远红尘而近清都、半在世俗而半超脱世俗的意味在其中。另外，朝廷授祠还起着平息议论、告慰元老旧臣的作用。正如朱熹所言："自王介甫更新法，虑天下士大夫议论不合，欲一切弹击罢黜，又恐骇物论，于是创为宫观祠禄，以待新法议论之人。"(《朱子语类》卷一百二十八)在朝廷施行新法、异议者多被降黜的情况下，及时全身而退并非落于下乘的选择。

从另一方面看，奉祠并非断绝了士人再次被起用的可能。宋代士大夫的参政意识和参政热情空前高涨，虽然身为祠官，但他们的诗文之中却并非只有闲适的姿态；与之相反，一些祠官仍然怀着再次与政的希望，从而呈现出游移于闲适与进取之间的心态。试以韩维写给王皙的两首赠答诗为例：

> 遇酒逢春触处春，白头相视若天伦。须知丞相官仪重，不及琳宫自在人。(《和微之饮杨路分家听琵琶》)
>
> 秉节当官号直清，非招不往为虞旌。书闻玉座光儒效，任久琳宫长道情。老纵笔锋尤壮健，醉评花艳益精明。吾人岂是蓬蒿士，默默拘挛过一生。(《次韵和后卿答微之》)

韩氏将"丞相官仪重"与"琳宫自在人"、"光儒效"与"长道情"对举，两处对举所表达的情感即大相径庭，这正是其闲居与进取心态矛盾的体现。《次韵和后卿答微之》尾联"蓬蒿士"用《高士传》张仲蔚典故，"岂"字表示反问，言其绝非张仲蔚"常居穷素，所处蓬蒿没人，闭门养性"(皇甫谧《高士传》)一类人物，亦暗含自己尚有从政志向。由此，韩维也并非完全以琳宫仙官自认，而是仍然存在着儒者的自我认同。

另外，由于祠官挂职于道教宫观，与其他闲职相比更具有远离世俗的意味，故而这些退居老臣任祠官时的诗文中，常会有将自己与俗物、俗人相区隔的心态。笔者在此以司马光为例分析这种心态。

司马光在提举崇福宫期间所作《闲中有富贵》中提道："闲中有富贵，迥与俗尘殊。"其《复古诗首句云独步复静坐辄继二章》也有这样的表达："愁闻俗客到，唯说市朝喧。"（李之亮《司马温公集编年笺注》）奉祠退居将司马光与朝廷中和自己政见不同的执政者区分开来，这正是他在自我和"俗客""俗尘"之间划分界限的深层考量。他的《自题写真》这样写道："居然不可市朝住，骨相天生林野人。"此二句对于这种界限的描述进一步鲜明起来：他以"林野人"自居，而与之相对的"市朝住"者正是新党中人。又如《和白都官序见赠》：

> 齿疏鬓白两眸昏，万事无堪老病身。脱粟犹沾太仓禄，法官仍忝外台臣。直缘迂僻求闲地，岂是孤高慕古人。英俊满朝皆稷契，太山何少一飞尘。

他将朝中执事者称作"稷契"，而自贬为"飞尘"。比起"林野人"和"俗客"的暗喻，这首诗中对于新党的不满展现得更加明显，甚至到了怨愤的程度。他不仅把自己和朝中执政者区隔开来，还将自己身边的友人划入自己的行列。如其《酬邵尧夫见示〈安乐窝中打乖吟〉》："料非空处打乖客，乃是清朝避世人。"言邵雍并非安乐窝里讨巧偷闲者，而是因不愿与朝廷共事而避世隐居。又如《和王少卿十日与留台国子监崇福宫诸官赴王尹赏菊之会》："儒衣武弁聚华轩，尽是西都冷落官。"在此司马光指出与会崇福宫诸官均是"冷落官"，也包含着对执政新党乃至整个朝廷的不满。综上所言，对于熙丰年间因反对新法而退居领祠的旧臣来说，闲居之安乐与对于朝中政事的难以忘怀是他们任祠心态的两个相反相成的部分。

（二）哲、徽两朝：元祐党人的与祠

神宗之后，党争对于士人的迫害进一步加剧。此时的党争已逐步脱离熙丰间的政见之争，而流于利益之争。如元祐年间著名的"车盖亭诗案"，即源于旧党成员附会文字，弹劾新党蔡确《夏日登车盖亭》"内五篇皆涉讥讪，而二篇讥讪尤甚"乃至"上及君亲"（李焘《续资治通鉴长编》），致使蔡确贬死新州。绍圣时期新党执政，开始了对旧党成员的报复。沈松勤先生指出："绍圣新党在仿效元祐的同时，则明显具有彻底禁锢整个旧党集团，使之在仕途上永远不得翻身的目的。"（沈松勤《北宋文人与党争——中国士大夫群体研究》）此时党争影响下的奉祠缘由可以大致分为两种：一是官员遭党祸贬谪后被起复，朝廷出于对士人的优待而授其祠官；二是士人坐党议被贬谪，任祠具有惩戒意味。基于此，此时士人的奉祠心态也应分为两个部分来看。

遭党祸贬谪后被朝廷起复为祠官者的诗文之中，明显存在对朝廷授祠的感激与庆幸。这首先是因为这批士人任祠前经历了长时间的宦海沉浮以戴罪之臣的身份自处，祠官官衔对他们来说是政治迫害缓解的信号。苏轼自海南贬所放还奉祠，自言"骤从缧绁，复齿缙绅"（茅维编，孔凡礼点校《苏轼文集》）。范纯仁晚年提举崇福宫，其《谢牵复右正议大夫提举崇福宫状》也有"特赐矜怜，脱其罪罟，复还爵禄，许就田里"的表述。从"缧绁"到"缙绅"、"罪罟"到"爵禄"的转换中不难看出，祠禄制度提供给谪人可供安身的官位，使他们实现从戴罪之臣到普通闲官的身份转换。

从更现实的角度来看，祠禄是祠官赖以生存的经济来源。这些士人文集中不少篇目书写了祠禄提供给他们的便利。例如毛滂《隋堤采蕈》："侍祠何功费太仓，月赐万钱良过矣。"毛滂晚年依附蔡京，大观末年蔡党受黜，毛滂亦领祠归家。即使如此，他的经济状况也好于"妻孥三十口而不饱糟糠"（《上时相书》）的中年时期。又如晁咏之《谢宫观表》提道："官无事功，居享稍食之厚。"晁补之《谢得请南京鸿庆宫表》亦言："优加廪给，又防其私室之空。"从"优加廪给""居享稍食之厚"等语句中，能够展现出祠官对朝廷恩准其无须供职而可领俸禄的感念。

经过政治迫害之后，谪人的财政状况普遍不佳。吴则礼《续百忧集行》写道："畴昔罪臣投荆州，板舆惴惴那得留……荆州破屋冷似铁，眼边种种那堪说。"在详细叙述了自己遭贬时期的境况之后，又言："余生休论饭不足，今费君王岳祠禄。"吴则礼崇宁元年（1102）因元祐党案被流放荆南，该篇作于四年后遇赦北归时。此时吴氏得授祠官，脱离了流放时期的贫苦处境。另外，此时受党争之害奉祠者绝大部分已非壮年，身体状况大不如前。张耒管勾崇福宫任满后即作《岁暮即事寄子由先生》言："女寒愁粉黛，男窘补衣裾。已病药三暴，辞贫饭一盂。"（李逸安、孙通海、傅信《张耒集》）由此可见，张耒脱离祠官身份之后，可谓既病且贫，食难果腹。由此可见，即使祠官俸禄微薄，但它于饱经漂泊之苦的谪人来说仍然是急需品，故而祠官群体常在诗文中表达获得祠禄的喜悦。

朝廷还准许任外祠者自行择地居住，这是祠官返乡归田的契机。赵升即指出"虽曰提举主管某宫观，实不往供职也。故奏请者多以家贫指众为辞，降旨必曰依所乞，差某处宫观"。这里以苏轼为例，他提举玉局观前已经在海南岛谪居三年。对于长久地处在废置、贬抑状态的苏轼来说，这次获祠代表着他终于可以离开贬谪之地，实现他渴望已久的归田之思。在接到任命之后，苏轼在与友人的书信中毫不掩饰"归田"的迫切：

> 某忽有玉局之除，可为归田之渐矣。（《与范元长》）
>
> 官观之命，已过忝矣。此外只有归田为急。（《与陈传道》）

任便居住给予祠官返乡归田的机会，有时还会附带将士人先前看坟之寺庙赐还。如苏辙《谢复坟寺表》："思念私茔，特还旧刹。九泉受赐，荒陇生光。"（陈宏天、高秀芳《苏辙集》）

但从祠禄制度的闲废、惩戒意味来讲，祠官在任祠时也不免产生负面心态。首先，坐党事贬为祠官者有时会为自己不得重用而产生不甘、怨诽之情。例如晁补之提举崇福宫时作《松菊堂读史》其一："不作文饶将相官，野人亦挂党人间。筹边措国俱无用，空对平泉草木闲。"显然，他对于自己因党事而不得重用的事实感到遗憾和不平。而党人身份不仅让晁补之自己出仕无方，也牵连他的亲人时乖运蹇。恰如其《郊居与八弟无斁读书》所言："堂堂涑水翁，我在此人籍。不诋曲江贤，宁羞九年谪。艰难累吾母，鬓发白一夕。""避人本愉恬，坐我亦枯槁。"此句后自注"无斁以余故，得监庙。"可见他还为连累母亲艰难度日、兄弟被遣为祠官而心痛。

党争还使祠官产生避祸归隐的心态。北宋后期党禁严峻，当时元祐党人多产生归隐避祸的想法。苏辙作为"后苏门"士人的领袖，心态最为典型。他于元符三年十一月至崇宁二年（1100—1103）提举上清太平宫，这段时间是他晚年归田生活的开始，奠定了他晚年杜门避祸的心态基调："再岁常杜门，壁观无与语。何人自惊顾，未听即安处。"（苏辙《迁居汝南》）不过苏辙的避祸心理是渐进性的，他在初任祠官的一年多时间中常试探证明自身"无罪"，这说明此时他并没有崇宁党禁时期那样严重的畏祸心理。如其《复官宫观谢表》："徒以冰炭难于同器，仇怨因而满前。被以恶名，指为私党……虽百夫所聚，公议自明。"又如《北归祭东茔文》："绍圣之初，权臣擅命。普害忠良，先除异己。"在这两篇文章之中，苏辙言自己是被仇人所害而并非因品行不端而罹罪；此时得授祠官，恰是"公议自明"的结果。他在给范纯仁所作挽词之中亦有这样的表述："君意知无罪，天心许到家。"（苏辙《范丞相尧夫换词二首》其二）范纯仁因得罪章惇落职，后被徽宗起复。苏辙叙述朝廷对范纯仁无罪的肯定，实际上是表达自己对徽宗能拨乱反正绍圣时期新党执政情况的肯定。

随着建中靖国时代的结束，政治风向发生变化。此时苏辙同时存在着对于自己保全祠官身份的庆幸与畏惧再度祸及己身的忧虑两种情感。他的《罢提举太平宫欲还居颍川》最能够反映其完全被党争裹挟的祠官心态：

> 避世山林中，衣草食芋栗。奈何处朝市，日耗太仓积。中心久自笑，公议肯相释。终然幸宽政，尚许存寄秩。经年汝南居，久与茅茨隔。祠官一扫空，避就两皆失。父子相携扶，里巷行可即。屋敝且圬墙，蝗馀尚遗粒。交游忌点染，还往但亲戚。闭门便衰病，杜口谢弹诘。余年迫悬车，奏草屡濡笔。籍中顾未敢，尔后傥容乞。幽居足暇豫，肉食多忧慄。永怀城东老，未尽长年术。

崇宁元年（1102）五月，言者认为苏辙"坐穷兵黩武之谤……宜行放弃"，又"诏苏辙等五十余人，令三司省籍记姓名，更不得与在京差遣"（杨观、陈默、刘芳池编《苏辙资料汇编》）。这也是苏辙认为公议不肯相释的原因。次年苏辙罢祠，严峻的政治形势进一步增强了他闭门杜口以远祸的态度。而在其罢祠一年之后，又作《喜雨》一诗："夺官分所甘，年来禄又绝。""禄"即祠禄。他初任祠官时对自身“无罪”的叙述与此时自言削去官职乃“分所甘”形成了鲜明的对比，意味着此时在坚持自证无罪和畏祸心理之间，后者日渐占据上风。

（三）自行请祠

除被动接受朝廷的祠官任命之外，北宋士人还存在着特殊的受祠方式，即自行请祠。奏乞祠官常常作为士人退居乃至致仕的标志。而在党争之下，这种行为并非单纯的告老，而有着别样的意味。

《宋史·苏辙传》载吕惠卿“谄事王安石，倡行虐政以害天下。及势钧（同“均”）力敌，则倾陷安石，甚于仇雠，世尤恶之。至是，自知不免，乞宫观以避贬窜”。由此可见，一些士人自请祠官的目的是避免更严厉的贬谪。此外，自主请祠还是士人政治韬晦的表现。《宋史·杨绘传》载“时安石用事，贤士多谢去……范镇年六十有三、吕诲五十有八、欧阳修六十有五而致仕；富弼六十有八而引疾；司马光、王陶皆五十而求散地，陛下可不思其故乎？”（《宋史》卷三百二十二）这里提到的范镇、吕诲、司马光均有请祠经历，杨绘本人此后也被授祠。《邵氏见闻录》记载了吕诲请祠的例子：“献可言安石不已，出知邓州……献可和云：‘冥冥鸿羽在云天，邈阻风音已廿年。不谓圣朝求治理，尚容遗逸卧林泉。羡君身散随时乐，顾我官闲饱昼眠。应笑无成三黜后，病衰方始赋归田。’献可寻请宫祠归洛，温公、康节日相往来。”（李剑雄、刘德权点校《邵氏闻见录》卷十）吕诲因不满新法、斥责王安石而知邓州，次年即提举崇福宫。根据这段记载以及吕诲所和诗来看，这里所表达出来的心态一方面是对于闲官生活的期待，另一方面却也不乏对于仕途不顺的感慨以及在被外放、贬黜之后对于朝廷的失望。吕诲致仕后“所言皆天下国家之事，忧愤不能忘，未尝一语及其私也。”（《邵氏闻见录》卷十）。他并不能完全“官闲饱昼眠”，即使奉祠，他也难以忘记朝中政事。

与之相类似的还有司马光。邵雍《闻见录》载：“神宗用荆公为参知政事，用温公为枢密副使，温公以言不从，辞不拜。枢密吕公弼因奏事殿上，谓帝曰：‘陛下用司马光为枢密，光以与王安石议论不同力辞，今日必来决去就。’……果辞召命，乞西京留司御史台，以修《资治通鉴》。后乞提举嵩山崇福宫。凡四任，历十五年。”（《邵氏闻见录》卷十一）由此可见，自主请祠还是一种对于政见不同的当政者无声的反抗。

（作者单位：山东大学尼山学堂）

诗词写作讲义（六）

倪志云

第十讲　诗的特殊句法

诗词给人一种印象是诗句很多时候与散文的句子感觉不一样，事实上由于文体不同，诗句确实有诸多与散文不一样的句法，诗有诗的特殊句法。

现代人作的诗，常有读起来感觉句子的意思讲不通，或者不知所云者，问题就出在句法上。诗有特殊句法，但特殊也是有惯例的，不是可以胡诌的。

所以学习作诗，了解诗的特殊句法，懂得参照特殊句法惯例造句，非常重要。

王力《诗词格律》第四章第二节“诗词的语法特点”，很简要地讲了几种情况：（一）不完全句，（二）语序的变换，（三）对仗上的语法问题，（四）炼句。我这里就不复述了。

《唐诗三百首详析》一书有时也讲解诗中句法，例如王勃《杜少府之任蜀州》结句“无为在歧路，儿女共沾巾”，“作法”解析中说：“结句结出不必伤别，文字颠倒，意谓不必象儿女一般，在歧路上两泪共沾巾啊。”

杜甫《春望》颔联“感时花溅泪，恨别鸟惊心”，“作法”解析中说：“‘花溅泪’‘鸟惊心’两句，其中均省去一动词，意当为‘看花溅泪’‘闻鸟惊心’始可解释。”

又杜甫《月夜忆舍弟》颔联“露从今夜白，月是故乡明”，“作法”解析中说：

王彦辅说：“子美善用故事及常语，多颠倒用之，语峻而体健，如‘露从今夜白，月是故乡明’之类是也。”其意谓这二句意不过是今夜露白，故乡月明而已，经子美一为颠倒，即觉矫健有力，于此可悟造句方面化平板为神奇的方法。

刘昚虚《阙题》：

道由白云尽，春与青溪长。
时有落花至，远随流水香。
闲门向山路，深柳读书堂。
幽映每白日，清辉照衣裳。

“作法”解析中说：“颈联中‘向山路’三字，可解为朝山的路，始可与‘读书堂’相对。倘解为门向山路而开，属对即属牵强，因此可悟诗中有时但求字面可对，不必问其意义怎样，这也是属对的又一法。倘作‘闲门向山路，深柳映书堂’虽属易解，然而句法未免笨拙。”这说的是。

杜牧《旅宿》：

旅馆无良伴，凝情自悄然。
寒灯思旧事，断雁警愁眠。
远梦归侵晓，家书到隔年。
沧江好烟月，门系钓鱼船。

“作法”解析中说：“我们看此诗颔联二语并不惊人，不过情景却很逼真。再看颈联二语，却是经过诗人的千锤百炼，铸成这仅仅的十个字。意思好，不足为奇，奇在意思曲折，有好几层可以抽剥。其中的归是归家乡，到是到旅馆，可见寄书之迟。”这里也是讲句法，讲炼句。

关于诗的特殊句法，我再推荐一本只有83000字的小书，是王锳著《古典诗词特殊句法举隅》，新华出版社1999年出版，语文出版社2014年再版。这本书分类举例，从现代意义的语法着眼，详细讲解诗句的样式和组织结构，除了语序之外，还包括诸如成分的省略、内容的紧缩、结构的扩展等等。书的《小引》最后说："这些问题虽然与修辞有千丝万缕的联系，但毕竟不是一回事。在古典诗词中，以上几个方面不仅与现代不同，而且与当时的散文也不大一样，所以有些‘特殊’。它们往往成为今人理解欣赏古典诗词的障碍。”这本书就是为今人理解欣赏古典诗词疏通障碍的，而对于学习作诗，无疑也是大有帮助的。

我们按其书顺序，选些例句来看。

一、语序的错综

（一）主语后置

（1）漠漠水田飞白鹭，阴阴夏木啭黄鹂。（王维《积雨辋川庄作》）
——白鹭飞，黄鹂啭。

（2）竹喧归浣女，莲动下渔舟。（王维《山居秋暝》）
——浣女（洗衣姑娘）归，渔舟下。

（3）幽映每白日，清辉照衣裳。（刘昚虚《阙题》）
——朱自清先生说："就是‘白日每幽映’。（《唐诗三百首指导大概》）”

（二）宾语前置

（1）柳色春山映，梨花夕鸟藏。（王维《春日上方即事》）
——柳色映春山，梨花藏夕鸟。

（2）名岂文章著，官应老病休。（杜甫《旅夜书怀》）
——朱自清先生说："就是‘文章岂著名，老病应休官’。”

（3）竹怜新雨后，山爱夕阳时。（钱起《谷口书斋寄杨补阙》）

——怜新雨后（之）竹，爱夕阳时（之）山。

以上都是动词的宾语前置。有时介词的宾语也可以不紧跟介词而放到介词之前。例如：

（4）片云天共远，永夜月同孤。（杜甫《江汉》）

——片云共天远，永夜同月孤。下句的主语是诗人自己，省去不说。

（5）今日山川对垂泪，伤心不独为悲秋。（李益《上海州郡楼》）

——今日对山川垂泪。

（三）主宾换位

（1）绿垂风折笋，红绽雨肥梅。（杜甫《陪郑广文游何将军山林》十首之五）

——风折（之）笋垂绿，雨肥（之）梅绽红。

（2）本以高难饱，徒劳恨费声。（李商隐《蝉》）

——朱自清先生说："就是'费声恨徒劳'。"

书上以下讲语序的错综还有定语挪前、定语挪后、状语挪前、状语挪后等等。

二、成分的省略

（一）名词的省略

1.偏正词组中省略中心语

（1）古木无人径，深山何处钟？（王维《过香积寺》）

——何处钟声。

（2）闻道长安似弈棋，百年世事不胜悲。（杜甫《秋兴八首》之四）

——长安之政局。

2.省略方位词

（1）渭城朝雨浥轻尘，客舍青青柳色新。（王维《渭城曲》）

——客舍前。

（2）空山不见人，但闻人语响。（王维《鹿砦》）

——空山里。

（3）洛阳亲友如相问，一片冰心在玉壶。（王昌龄《芙蓉楼送辛渐》）

——在玉壶中。

3.省略时间词

（1）早闻牛渚咏，今见鹡鸰心。（孟浩然《送袁十岭南寻弟》）

——上句之前省“昔”字，可读作：昔年早闻牛渚咏，而今复见鹡鸰心。

（2）昔别君未婚，儿女忽成行。（杜甫《赠卫八处士》）

——下句之前省“今”字。

（二）代词的省略

（1）所亲惊老瘦，辛苦贼中来。（杜甫《喜达行在所》诗）

——所亲者惊我老瘦。

（2）才富不如君，道孤还似我。（白居易《郡斋暇日》）

——第一分句之首省“我”字，第二分句之首省“君”字。

（三）动词的省略

1.比喻句中省略比喻词

（1）浮云游子意，落日故人情。（李白《送友人》）

——游子意如浮云（飘忽不定），故人情似落日（恋恋不舍）。

（2）鸭头新绿水，雁齿小红桥。（白居易《新春江次》）

——新绿水似鸭头，小红桥如雁齿。

（3）山河破碎风飘絮，身世飘摇雨打萍。（文天祥《过零丁洋》）

——如风飘絮，如雨打萍。

2.判断句中省略判断词

（1）东壁图书府，西园翰墨林。（张说《恩赐丽正殿书院侍宴应制得林字》）

——东壁是图书府，西园为翰墨林。

（2）杖藜叹世者谁子？泣血迸空回白头。（杜甫《白帝城最高楼》）

——为谁家子？

（3）卧龙跃马终黄土，人事音书漫寂寥。（杜甫《阁夜》）

——终成黄土。卧龙，此指地方军阀公孙述；跃马，指他割据称帝事。

有时上一句为主语，下一句为谓语，二句之间省略了判断词“是”。例如：

（4）天下伤心处，劳劳送客亭。（李白《劳劳亭》）

——天下伤心处是送客之劳劳亭。

（5）今日江南老，他时渭北童。（杜甫《社日》）

——今日江南之老人是往昔渭北的童子。

（6）千秋万岁名，寂寞身后事。（杜甫《梦李白》）

——千秋万岁美名已是寂寞身后之事。

3.存在句中省存在动词

存在句是表示事物存在或否定事物存在的句子，古汉语中典型的存在动词是“有”及其否定形式“无”。“有”字在诗词中常常可以省略。例如：

（1）中军置酒饮归客，胡琴琵琶与羌笛。（岑参《白雪歌送武判官归京》）

——有胡琴、琵琶与羌笛。

（2）空外一鸷鸟，河间双白鹭。（杜甫《独立》）

——有一鸷鸟，有双白鹭。

（3）山外青山楼外楼，西湖歌舞几时休。（林升《题临安邸》）

——山外有青山楼外有楼。

4.叙述句中省普通动词

一种情况是省略动词，例如：

（1）树树皆秋色，山山唯落晖。（王绩《野望》）

——树树皆含秋色，山山唯有落晖。

（2）故国犹兵马，他乡亦鼓鼙。（杜甫《送远》）

——故国（故乡）犹遭兵马，他乡亦闻鼓鼙。

（3）更深月色半人家，北斗阑干南斗斜。（刘方平《夜月》）

——更深月色映照一半人家。

另一种情况，省略的不仅是动词，而且还有它的连带成分。比如有省去动词加介词的，例如：

（4）倚杖柴门外，临风听暮蝉。（王维《辋川闲居赠裴秀才迪》）

——倚杖立于柴门外。

还有省去动宾词组的，例如：

（5）西北望长安，可怜无数山。（辛弃疾《菩萨蛮》词）

——可怜（可叹）无数山障眼。暗喻朝廷不明，忠直之士难以进用之意。

5.名词句

古典诗词中的名词句，是一种常见的表达方式，一句诗往往只是由一个或两三个名词或名词性词组构成。“这是以叠用意象的办法来传达作者的感受，是以作画的方法来写诗，使读者从景物的层次安排中去想象作者的寓意和情感。这种句子和一般的省略句不同，省略了什么要么找补的方法不止一种，要么根本找补不出来。”（王锳《古典诗词特殊句法举隅》）。例如：

（1）渭北春天树，江东日暮云。（杜甫《春日忆李白》）

——蒋绍愚《唐诗语言研究》中说这两句诗：“可以把它补为‘（我）斜倚渭北春天之树，遥望江东日暮之云’，也可以补为‘我憩息于渭北春天之树旁，君行吟于江东日暮之云下’，还可以补为‘渭北春天树已绿，江东日暮君何之？’”

（2）独夜三更月，空庭一树花。（李商隐《寒食行次冷泉驿》）

——驿中独宿，三更皓月当空；徘徊空庭，一树花香扑鼻。

（3）鸡声茅店月，人迹板桥霜。（温庭筠《商山早行》）

——鸡声报晓，茅店前明月高悬；旅客早行，板桥上霜迹清晰。

（4）暮雨扬雄宅，秋风向秀园。（李郢《园居》）

——暮雨中，宅舍似扬雄所居；秋风里，园圃如向秀所葺。

（5）桃李春风一杯酒，江湖夜雨十年灯。（黄庭坚《寄黄几复》）

——宋任渊注：“两句皆记忆往时游居之乐，今既十年矣。《晋书·张翰传》曰：使我有身后名，不如即时一杯酒。”

《古典诗词特殊句法举隅》一书，以下还有介词的省略、紧缩句、扩展句等举例，课上不选讲了，课下阅读。此书第四章“与句法密切相关的几个修辞问题”，讲互文、用事、对仗，也可以补充我们课上所讲和没讲到的知识。

总之，学作诗，除常规句法外，能采用特殊句法，才更能自由表达，也才能作出更有显著的诗的特征的作品。

（作者单位：四川美术学院艺术人文学院）

文史合研，务实求真

——我的读书治学经历

吴在庆

三月九日，我接到山东大学《国学茶座》期刊主编杜泽逊教授撰写学术自传的邀请。受命之下，自知在治学与学术研究上并无多少创获成就，也缺少传授他人的治学良方，今撰此学术自传，恐有王婆卖瓜之虞。然转念一想，回叙自己的读书治学经历，于己于人，也不无“失之东隅，收之桑榆”之效，念此遂释然而作此小文。又，傅璇琮先生曾为拙著《听涛斋中古文史论稿》题辞：“文史合研，务实求真。淡泊名利，更创新境。——在庆先生治学清历。”遂借此题辞为文题，以名此文。

一

我对华夏文史的初步兴趣，大致是在我的中学时期（1959—1965）产生的。也许是少小时，常在晚间或清晨之际，聆听家父绘声绘色地“讲古”（指讲中国历史章回小说，如《三国演义》《七侠五义》《包公案》《薛仁贵征东》等），以及上学路上，站在说书屋门口，听“讲古仙”（厦门人对坊间说书者之雅称）说书，常沉醉于情节生动、人物栩栩如生的故事讲述中之故吧，那时的我对文学和历史小说渐渐萌生兴趣。我从鼓浪屿笔山小学被保送入厦门二中时，“学好数理化，走遍天下都不怕”之说颇为流行，而我对数理化也有钻研劲，常在午间和下午放学后，和几位同学留在教室里，探讨几何或其他数学问题，故数理化的成绩也算优秀。其时尽管我没偏科，但对文史的喜好还是有所表现。如初二时，就偶尔在上课时偷阅从同学处借来的《三侠五义》，当场被老师没收；清晨在家附近海滨念书，却被旭日下大海景色所吸引，遂有赋诗歌咏之意兴。到了高中，我的作文常入几位语文老师之法眼，班主任吕淳瑜师知道我喜好古诗词，遂借我《唐诗三百首》，并将她夫君周祖譔教授的诗词手稿本借我阅读。但中学六年中，阅读课外书的时间其实很有限，加上身处提防“反攻大陆”的海防前线小城，且又笼罩于“防修反修”的时代气氛中，所以能读到的中外古典名著，其实也很有限。因此，尽管我也阅读些现当代作家的散文集，以及诸如《家》《春》《秋》《子夜》《青春之歌》《野火春风斗古城》《苦菜花》等小说，也阅读了些野史小说，以及诸如《西游记》《三国演义》《红楼梦》《水浒传》等名著，但阅读古代诗文名家的作品却很少，只是读了一些唐宋诗词和《古代散文选》而已。

到了高三下学年，须分科复习备考时，由于对文史较为感兴趣，我遂选择了文科类，并在填报高考志愿时，被富有教育指导经验的陈碧玉校长招到办公室，在她的指导鼓励下，第一志愿直接填报了北京大学中文系，不久我如愿以偿。其时，厦门二中也算是当地四所中学名校之一，但每年大致只有两三人考入北大。1965年考入北大的有两人，另一位为考入地球物理系的肖福山同学。

那年北大中文系招收三个班九十余人，我被分在文学班。我本来最想学习古典文献学，可惜我们这一届没设这专业，不免有点遗憾。更让人遗憾的是，我们在北大的专业学习时间，实际上不满一年。其间，我早起晚归，过着所谓“三点一线”的紧张学习生活：清晨在未名湖畔吟哦背诵《诗经》《楚辞》等名篇，上课时聆听林庚、王瑶、吕乃岩、蒋绍愚、倪其心、孙玉石、黄修己等老师精彩的讲授，晚上则在文史楼或图书馆抢座位自习、阅读，直至熄灯才回32斋宿舍。可惜好景不长，历时十年的“文革”风暴席卷华夏大地，我们这些“文革”前入北大、1970年3月被彻底扫出校园的所谓“老五届”大学生，可想而知能学到多少专业知识了。好在总还有“逆潮流”者，不甘心于早年所怀抱的理想之破灭，自个儿偷偷地利用一切机会，在高音喇叭“横扫一切牛鬼蛇神”的喧嚣中，寻找较僻静之处，“一心只读圣贤书”了。那时，北大二院的中文系资料室还开放，我遂有幸借出古典文学教材与参考书；还从借居的本系年轻教师宿舍中通过其他途径，读到如《莎士比亚全集》《战争与和平》《复活》《安娜·卡列尼娜》《红与黑》《简·爱》《狄康卡近乡夜话》《猎人笔记》《普希金诗集》《飞鸟集》《草叶集》等等外国文学名著，弥补了那一年代难于读到所谓“封资修”图书之缺憾，也稍微填补饥荒之腹笥。

毕业离开北大后，我即和98位北大各系学生，一起被派送到0484部队江西泰和县武山军垦农场锻炼。历经二十个月战天斗地、改造思想后，被分配到江西南城县工作凡八年，一直到1979年秋考入厦大，攻读硕士研究生学位为止。这两段时间，我大多身处山野农舍之中，不管是物质，还是精神文化生活，都是颇为贫瘠乏味的，但唯有对知识的追求，仍锲而不舍。以下让我简略追叙上述生涯中几件苦涩的读书往事吧。

其一，在军垦农场艰苦的农作和接受思想教育的氛围里，我还是偷偷地阅读着带在身边的几本文学专业图书；实在没有其他书可读了，就从农场同学中借来法语课本，无师自通，自学法语（那时为了世界革命的需要，外语还是允许学习的。当然我自学法语，绝非为世界革命，而为不虚度光阴，锻炼自学能力而已），最后居然还能阅读如《国际歌》之类的简单法语文章。

其二，在南城县革委会报道组工作时，我被县委派到红旗公社蹲点一个月。为了打发晚间空闲时光，我特地从宣传部借来一部《史记》，在乡下闷热小屋里微弱灯光下，在密密麻麻的小飞蚊之袭击中，通读了这部被鲁迅先生称为“史家之绝唱，无韵之离骚”的史学巨著。

其三，1973年秋至1975年秋，我在南城县共大任教。其间正值知识无用论甚嚣尘上的年代。其时体现与修正主义教育路线决裂的《决裂》影片的演员们，特地在拍摄前来到这所共大，体验农村的艰苦劳动生活。就是在这种批判老教授考究“马尾巴的功能”的肃杀氛围中，我却逆风而行，做起“躲进小楼成一统，管它春夏与秋冬”的“书呆子”。那时学校图书室还收藏着一些古代文史图书，如《诸子集成》《三国演义》《世说新语》《西厢记》《儒林外史》等，我遂借出以饷腹笥。更让人觉得不可思议的是，在那个文化沙漠的年代，在我所处的山丘田野间的一间小屋内，居然会有我这个反复探究分析《红楼梦》，终于写出了十八万字《红楼梦初探》的书呆子。是的，就是我这个对古代文史孜孜以求的“书呆子”，在周围人们的打牌聊天，投球呐喊声中，怡然自得地读书、写作、拉小提琴与临摹欧体楷书。

其四，1975年秋至1979年夏，我调到新丰公社中学任教。初到这所乡下中学，校领导让我独居于校内唯一的楼房里，不久后转居两处简陋的砖土平房。这所中学虽然颇为简陋，甚至可以说破弊不堪，但却有点藏书，这对当时的我来说，可谓雪中得炭。当时正是“批林批孔批周公”之时，因此除了上课之外，常有时政学习与批判会议。在这种时代气氛下，读书治学简直如瞎人骑马走悬崖。我很快读完学校所藏的少许感兴趣的书后，就借不到文史类的书了。空闲与无聊，成为这一阶段的主旋律。幸好学校周边一派青山绿水，盱江从校门旁汩汩东下；学校内外，常有青蛙鼓吹和一片片油菜、稻花香景象。因此可以在傍晚和几位谈得来的同事，散步叙谈于田野山岗间；周日则只能和家在福州的同事，或到田间沟渠摸小鱼、抓泥鳅；或下盱江沙洲捡拾蛤蜊；或伴着未能回家的同事做木工，以度寂寞无聊的时光。

幸亏春天总会来临的。1979年初春，我获知厦门大学将招收首届古代文学研究生的消息。这“初闻涕泪满衣裳”的佳音，唤醒了我求学深造之夙愿，遂立即报名备考。然而在穷乡僻壤的乡村学校，不要说考试科目的相关指导参考资料阙如，就是基本的书籍也难以备齐，只能就现有的旧课本，抓紧业余时光，在昏黄的煤油灯下，苦读两三个月。当年五月初我渡过盱江，赶到四十里外的县城，参加这场决定前程命运的考试。待到八月间我回鼓浪屿度暑假，方知从百余名报考者中被录取的消息，而我的研究生导师即入学清华大学中文研究所、师从浦江清先生、毕业于北大中文系的周祖譔先生。

二

上节所述，只是我能走上读书治学之路所经的曲折经历与艰难锤炼，真正开启治学之途，却是在研究生及之后时期。

研究生时期，周先生为我们讲授有关唐代文学和版本目录校勘课程，又安排我们选修黄典诚教授的“训诂学”课程，和历史系林老师的“历史地理”课程。其间还请著名唐史专家韩国磐教授为我们讲授唐代经济史专题。唐代文学专题课，不仅要通读代表作家的文集，还必须阅读相关的如《唐诗纪事》《唐才子传》《唐国史补》等文献，和两《唐书》、新旧《五代史》、《资治通鉴》等史籍，特别是细读其中的职官、选举、艺文、经籍、食货、五行、地理等志书，和相关作家与人物传记。可以说在研究生阶段，即开启了我文史结合的阅读研究途径。

我最早发表的《杜牧卒年及杜秋娘诗系年考辨——兼与王达津教授商榷》(《厦门大学学报》1982年增刊《文学专号》)和《杜牧卒年再考》(《人文杂志》1983年第5期)，就是文史结合的考论之作。而作为厦门大学优秀学术著作，遴选入首届“南强”丛书出版的我的第一部著作《杜牧论稿》(厦门大学出版社1991年版)，其基本内容也是文史结合的考论之作。此书包括五部分，前三部分尤可体现这一治学路数：一、杜牧疑伪诗甄辨；二、杜牧生平行踪、作品系年及其诗考论；三、杜牧的政治思想、党派分野及其对创作之影响。周先生赐序云：“夫考订之学，其搜集资料也宜全，其甄别史实也宜审。非勤奋不能致全，非心细难臻精审。故急功近利者不屑为，心气浮躁者不能为。在庆治《樊川文集》有年，于牧之之生平创作之考订，继前辈之后，拾遗补阙，所获颇丰，吾固知其用心之勤且细也。”傅璇琮先生所赐序，先述及我20世纪80年代文史研究，云：“1982年唐代文学学会成立后，由陕西师大霍松林先生与我负责编辑《唐代文学研究年鉴》，我约祖譔兄撰写中晚唐研究情况的文稿，祖譔兄即推荐在庆同志与他合写，共同署名。第二期起，我征得祖譔兄同意，约在庆同志执笔撰写中晚唐或晚唐研究情况的综述。从那时起在庆同志已有关于杜牧及其他中晚唐作家的考论文章在刊物上发表，引起人们的注意。但是他所写的综述，则总是详细介绍别人的文章，很少提到自己，有时提到，也是十分简略而极为客观地一笔带过。倒是已故的吴汝煜同志在论述1987年的中唐文学研究时，特别提道：‘在刘禹锡的考证方面，最值得注意的是吴在庆的《卞著〈刘禹锡年谱〉辨补》(《唐代文学论丛》第八辑)。作者立足于本证，从刘禹锡诗文中钩稽史料，在有关刘禹锡的事迹、诗文系年等方面纠正了《刘禹锡年谱》的一些疏失；又为十四首诗歌作了新的系年。文章思虑周密，征引赅博，结论可信。’汝煜同志对刘禹锡诗文的考订也是下过很深功夫的。他为人质朴，不尚虚誉，因此他对在庆同志的文章评价为‘思虑周密，征引赅博’，我认为其结论也是可信。……当然，放在在庆同志这本书中的，还有好几篇理论上的阐发……多有很好的见解，有不少发前人所未发。但是，我认为，构成本书基础的，也是构成在庆同志中晚唐文学研究基础的，是他对作家事迹的考证，他对作品系年及其真伪的辨析。”我之所以较多引述傅先生上述对我厚爱之言，除了印证我从学术研究一开始，就极为重视文史结合的治学路数，侧重于运用考辨手段，以辨析论述学术问题外，也意在以此窥见，我在20世纪80年代学术生涯中，应该追叙的行迹。

其一，我从治学之初，就有幸获得几位著名学者之教诲。导师周先生之耳提面命自不必说，傅先生对我的指引，也在上文有所显示，这里我特别要提到缪钺和程千帆两位学术大师对我的教诲与垂爱。我在撰写约八万字的硕士学位论文《关于杜牧研究的几个问题》前后，就因研读缪钺师的《杜牧年谱》《杜牧传》，以及《樊川诗集·前言》，而兴起并决定研究杜牧。但在论文答辩之前，我尚未和缪钺师有所联系，只是从他上述著作中启发受益良多，这不仅是有关杜牧的具体学术问题、知识，也在于如何进行作家研究的方法与门径。我的学位论文是送缪钺、傅璇琮两先生评审的。后来才知道缪先生给予很高的评价，认为是“不可多得的学位论文”。答辩后不久，我和缪钺先生才有书信来往，并时而就杜牧和其他作家如张祜研究的问题向他请教。缪先生则时常寄赐大著和手书诗词条幅墨宝，并赞赏我的学术论文。《杜牧卒年再考》和《令狐楚表荐张祜时间考》两文，就是经缪先生推荐发表的。1987年8月，我被派往四川招生，遂有机会趋缪府拜见他，当面获得先生之教诲。1991年初，我的第一部著作《杜牧论稿》出版前，缪先生为此书题识：“吴在庆君治学勤敏，于唐代文学致力尤深。近数年中，与余通书论学，新思卓见，颇多启发。今吴君集其所撰论述杜牧诗文为杜牧论稿，极望其能早日刊行问世以嘉惠士林也。”程千帆先生受周先生邀请，于1982年秋来厦大主持林继中、贾晋华和我的学位论文答辩会。我们三人的论文均获得程先生高度赞许，他回南大后即称赏推荐我们的论文，使得我们的学位论文在南京学界也获得盛誉。在这次评审答辩中，千帆师在治学态度上对我有所教诲。在论文中，有一节是就杜牧的卒年问题与一位颇有影响的老学者商榷的文字。为了证明自己观点的言之有据，我征引了大量典籍资料，其中在引证《资治通鉴》前加上了“常见书”三个字。后来我有幸见到程先生在我论文中“常见书《资治通鉴》”下划了一条红杠，旁批云：“态度问题。”见到这一批语，我马上体悟到先生作此批语的用心。这一批语，极为敏锐准确地提出了治学的颇为重要的问题，即态度问题。这一批语，实际上是针对我上述那句话表现出来的傲气盛气，强调治学上必须谦虚，切不可盛气凌人。前人治学上讲究“入门须正”，这不仅指治学方法途径，也包括治学态度。多年来，我常以先生这一教诲警诫自己，把谦虚谨慎作为座右铭。1982年来我拜谒千帆师的机会虽不多，但所受的教诲和激励却不少。除了从他多次寄赐的大著中，获得的学业人品上的教益外，从我们的通信中，也颇受教泽与鼓励。千帆师对后学除了严格而真诚热心的教诲外，对于他们的一点点成绩也会由衷地高兴，并热情地给予肯定激励。这里以我个人的经历，讲一两个例子。1996年7月，我将新出版的《唐五代文史丛考》，寄呈千帆师请益。没料到8月7日先生即复了一信：“在庆先生：新著收到，精卓可惊。求之今世，惟顺德岑氏可比，然有过之无不及也。欣佩！欢喜，辄书茶陵谭祖庵一联用酬高谊。意者，听涛阁境界似之。”随信先生即寄赠亲书的谭祖庵诗联墨宝：“天远已无山可隔，潮来空见海横流。”收到先生此赠，我真是受宠若惊。信中提到的岑氏，即研究唐代文史的大家岑仲勉先生。尽管我心仪效学这位大学者已久，但自知难以望其项背，如有所得也仅是片鳞只爪而已。窃惟千帆师之意，除了对后学的点滴成绩给予热情肯定外，乃在于用岑先生为榜样以激励我。信中的听涛阁，乃指我自号的书斋名听涛斋。自揣先生书此联句“用酬高谊”，并谓“听涛阁境界似之”之意，虽含有对我的厚爱之情，但主要的用意当是以联句所寓含的境界，比拟学问人品上的高远境界，以此向我指示向上一路，用以激励我，可以说是对我的殷切教诲与期望。又，1994年江苏古籍出版社出版我《新编宋诗三百首》一书，程先生收到此书后，又来信肯定称赞。行文至此，不禁回想1982年论文答辩时，千帆师还鼓励我报考他的博士生。尽管我心向往之，但其时我久离家乡回厦门不久，已历尽请调的种种周折苦楚，对远离家门颇有余悸，所以虽极想成为程门弟子，但最终还是不敢再离家远赴南京。

其二，从1982年起，我就参与《唐代文学研究年鉴》中的《中晚唐文学综述》的编写工作，此后至今（近十年与弟子亢巧霞博士合作）的四十年来，接连为《唐代文学研究年鉴》撰写《中晚唐文学综述》《晚唐文学研究》等，也撰写《白居易研究述评》《近年来关于〈莺莺传〉的讨论综述》《近10年元稹研究述评》《张祜生卒年研究综述》《杜牧诗文辨伪、系年研究评述》等文章。这些为《唐代文学研究年鉴》撰写的综述文章，虽需要花大量的时间阅读整理概述学界的相关论文，但却开阔了阅读视野，了解了学界的研究动态，对自己的学习研究也颇有助益。

其三，从1984年起，我参与由中华书局策划、周祖譔先生主编的《中国文学家大辞典·唐五代卷》的编撰工作，承担撰写此书中八百多位文学家小传。撰写每一位作家小传时，我都要阅读其所有诗文作品，以及相关传记、诗话等文史资料，并进行研究考辨甄别、梳理其生平仕历以及文学特色与贡献等工作，进而写出其小传。这一工作尽管费时费力，颇为艰辛，但却让我广泛地阅读研究了八百多位文学家的作品与文史资料，极大地开阔了视野，并有利于我熟练地采用文史合研方法，进行学术探赜研究。

三

我1986年于厦门大学任讲师，1991晋升副教授，1998年冬聘为教授，1991年任古代文学教研室主任，不久又兼任厦门大学古籍整理研究所副所长。因所长郑学檬教授任厦大常务副校长，非常繁忙，故让我长期主持古籍所工作；1987年秋任本科八七级班主任；1994年起，开始招收硕士研究生；20世纪末起，我又兼任民盟厦门市委常委，省、市高等学校教育工作委员会主任和副主任，同时又任民盟厦大总支主委、中共厦门市思明区政协常委。因此在上述这十五年中，是我各方面工作最为繁忙时期，有时真有杜甫“束带发狂欲大叫，簿书何急来相仍”之感。这一时期，最值得记叙的还是与傅璇琮先生合作的几项学术研究工作。

[名家介绍]

程千帆教授在《书绅杂录·闲堂师语》(见《程千帆全集》第十五卷《桑榆忆往》)中说:“周祖譔先生是浦江清的学生,傅璇琮先生也是跟浦江清学的,一个在解放前,一个在解放后。后来,周先生又培养出了吴在庆、贾晋华两个,现在他们又和傅先生一起搞文学编年史。学术都是有渊源的。”程先生此言,正说清了我的学术渊源与治学路数,这正是源自清华、北大的学脉与学术传统。更具体来说,在上述这一段时期,除了我个人的学术研究外,最主要的是参与了傅先生主持或主编的《中国古代文学家大辞典》《唐才子传校笺》《唐五代文学编年史》《五代史书汇编》四项大型学术研究工作。下面容我对其中两项稍事记叙。

《唐才子传校笺》是傅先生在1986年前后,邀请相关“领域的专家和学术工作者”进行笺证相关工作的。我受邀承担卷九除郑谷外的三十几位文学家的笺证。傅先生在撰著《唐才子传校笺》之初写信给我,中云:“前些年日本人做了一部《唐才子传之研究》一书,厚厚一册,对某些材料出处作了考订,但较简略,但就是这些,我国也没有。为了在学术上争口气,我们也要搞出来,显示中国学术界所能达到的水平。”还提出“如果搞得好,则这部书将非常有用,也是我们贡献于唐代文学研究界的不算小的成果”。此书于1990年出版,获首届全国古籍整理优秀成果二等奖。1988年夏秋间,傅先生又约我参加《唐五代文学编年史》的编撰,并让我先拟此书的编写规划草案。1988年9月末,我赴太原参加唐代文学学会年会,将草案交傅先生修改完善。此后,我即开始了《唐五代文学编年史》中《晚唐卷》的编撰。此书是按年月顺序将“唐朝的文化政策、作家的活动(如生卒、历官、漫游等)、重要作品的产生、作家间的交往、文学上重要问题的争论,以及与文学邻近的艺术样式如音乐、舞蹈、绘画以及印刷等门类的发展,扩而大之如宗教活动、社会风尚等等,择取有代表性的资料,一年一年编排”(见本书傅璇琮《自序》)起来的,因此涉及包括各门类众多的文史资料文献,内容十分繁富。可想而知,这是一项运用文史结合方法的研究,是一项虽然十分艰巨,但颇富学术价值的工作。在编撰《晚唐卷》时,我逐一研究并撰写了四百多位晚唐作家的简要年谱。在这基础上,再按年月先后将他们的仕历、交游、文学创作活动等编织起来。此书出版后,获得高度赞誉,并于1999年获得第四届国家图书奖。

除了上面所提及的主要著作之外，我在20世纪最后的20年中，尚有以下学术成果：

1.《唐诗大辞典》中15万字，江苏古籍出版社1990年11月出版。

2.《中国文学家大辞典·唐五代卷》中八百多篇作家小传，25万字，中华书局1992年10月出版。

3.《新编宋诗三百首》，47.3万字，江苏古籍出版社1994年9月出版。

4.《唐五代文史丛考》，31万字，江西人民出版社1995年10月出版。

5.《杜牧全传》，30.5万字，长春出版社1995年2月出版。

6.《增订注释全唐诗·杜牧集》，20万字，文化艺术出版社2001年5月出版。

此外尚有174篇论文和学术文章发表。如发表于1985年的：

1.《杜牧疑伪诗考辨》，《中华文史论丛》1985年第1期。

2.《杜牧诗歌风格及其成因管窥》，《固原师专学报》1985年第1期。

3.《"十年一觉扬州梦"，应作"三年一觉扬州梦"》，《文学遗产》1985年第2期。

4.《杜牧诗歌表现手法初探》，《宁夏社会科学通讯》1985年第2期。

5.《张祜卒年考辨》，《人文杂志》1985年第2期。

6.《关于张祜生平、诗歌系年、辨伪的几个问题》，《文学遗产》1985年第4期。

7.《杜牧杂考三则》，《南平师专学报》1985年总第5期。

8.《中晚唐文学研究综述》，《唐代文学研究年鉴》1985年号。

又如发表于1998年的：

1.《论韩愈的忧谗畏祸心理及对其创作的影响》，《厦门大学学报》1998年第1期。

2.《李洞瓣香贾岛三论》，《中国韵文学刊》1998年第1期。

3.《唐五代登科者考补》，《铁道师院学报》1998年第2期。

4.《"一字师"与唐人对名句的推赏》，《中国典籍与文化》1998年第2期。

5.《韦庄生年及"尝居虢州十年"献疑》，《文学遗产》1998年第3期。

6.《李洞——晚唐一位念贾岛佛的诗人》，《古典文学知识》1998年第6期。

7.《李洞诗歌与生平考辨》,《华东师大学报》1998年第6期。

从上述所发表的论著看，我在20世纪最后20年中，除了多部著作外，尚有约174篇论文发表，而且涉及不少唐代（以中晚唐为多）作家的研究。故有学者统计20世纪内，学者们所发表的唐代文学的文章数量，并作成排行榜，将我排在首位。尽管我深知，这并不说明我唐代文学研究的深度和水平，但却可说明我在学术研究上所花的大量时间，和沉潜于兹之刻苦治学经历。

四

下面简略谈谈21世纪以来我主要的治学经历。

厦门大学聘任制规定，教授六十岁退休，故我2006年中就退休了。因我2002年在历史系取得历史文献学博士生指导教师的资格，并在两年后招收博士生和博士后，所以延聘至2010年，其间继续在中文系招收硕士生，在历史系招收博士生，并给中文系本科生上课。2012年，我不能招收任何学生了，但中文系古典文学专业刚取得招收博士生资格不久，为了更好地指导唐代文学方向博士生的需要，系里和厦大有关部门领导协商，又请我义务担任两届（两位先后从台湾来的博士研究生的）博士生指导教师。其实，从退休至今，我一直从事着教育工作。这除了每年应邀参加硕、博研究生的开题报考，或学位论文答辩会外，还时而应邀为本校或外校作学术讲座。此外，从2010年起，我即受聘任厦大老年大学“中国古典诗词解读与鉴赏”课教师，并编撰出版了相应教材，该课程教材于2017年获得全国老年大学精品教材一等奖。

2005年至2008年春，我受聘为安徽师范大学兼职研究员，三次到安徽师范大学诗学研究中心从事研究工作。其间和傅璇琮先生一起参加文学院首届博士生论文的开题报告，并为学生作学术讲座。我2008年出版于中华书局的《杜牧集系年校注》一书的第三校，也是在诗学研究中心完成的。在这次校稿中，我又利用从诗学中心借出的文津阁《四库全书·樊川文集》，再次进行了校勘修改。在这次校勘中，我切身体会到文津阁《四库全书·樊川文集》与文渊阁《四库全书·樊川文集》，乃至《四部丛刊·樊川文集》多有不同，实在不是好版本。后来我写了《文津阁〈四库全书〉本〈樊川集〉

版本优劣谈——以〈四部丛刊·樊川文集〉等版本为参照》一文，发表在《福建师大学报》2010年第1期。

2006年至2010年，我有三次赴台湾从事研究、教学和参加学术会议的经历。应台湾大学中文系之邀，2006年10月18日至2007年元月18日，我受聘为该校人文学研究中心研究员，平日多在第四研究室从事课题研究，有时也和中文系师生进行有关课题研讨。2008年2月26日至同年7月末，我受台湾逢甲大学中文系之聘，任客座教授。在这一学期中，我教授本科、硕士、博士三种课程。这两次在台湾期间，我应邀至台湾东华大学、明道管理学院、台北大学、世新大学、淡江大学、元智大学、台湾中山大学、东海大学、台湾师范大学、东吴大学等学校作学术演讲，其中大多还去了两趟。在逢甲大学期间，我还应邀出席中兴大学历史系所举办的中国中古社会与国家史料典籍研读会，并作了《〈唐摭言〉所记裴贽屈抑李洞考论》之主题演讲。这两次在台湾期间，我分别创作有《台湾行诗草》和《客座台湾逢甲大学诗草》，凡一百三十余首律绝诗。2010年6月，我又应邀出席台湾中兴大学"中古社会与国家国际学术研讨会"，并在大会上作学术报告。会中曾与参会学者往游惠荪林场，时恰值豪雨终日，然不减游兴而放言清谈，遂感赋一律诗以呈同游诸君：

唐书典藏罔茫茫，探赜钩沉聚一堂。
昨日群贤高论罢，今朝诸子放言长。
苍山更起凌云趣，豪雨难消游兴狂。
好取惠荪如意事，他年梦里细思量。

21世纪初至今，我有意将研究重心放在文史文献的研究与整理上，除了自己校注两部唐人诗文集外，也带领弟子们从事另外两部大书之研究整理。这主要有四项成果：主编并参与撰著《唐五代文编年史》，2018年由黄山书社出版。此书获国家出版基金资助，获百佳图书一等奖、第五届中国出版政府奖提名奖、福建省和厦门市社会科学优秀成果奖一等奖；《唐大诏令集系年校笺》，此书列入2021—2035年国家古籍工作规划重点出版项目（第一批），获国家出版基金资助，2023年4月由黄山书社先出版第一辑；撰《杜牧集系年校注》，2008年10月由中华书局出版，是2014年由国家新闻出版广电总局、全国古籍整理出版规划领导小组，首届向全国推荐的优秀古籍整理图书之一，获国家古籍整理优秀图书二等奖、福建省和厦门市社科优秀成果奖一等奖；《韩偓集系年校注》（2015年8月由中华书局出版，获福建省社科优秀成果奖三等奖，厦门市社科优秀成果奖一等奖）。

除了上述的《杜牧集系年校注》《唐五代文编年史》等四部著作外，我尚著有《增订注释全唐诗·杜牧集》《杜牧诗文选评》《唐代文士与唐诗考论》《唐代文士的生活心态与文学》《增补唐五代文史丛考》《听涛斋中古文史论稿》《听涛斋古典文学考论与解读》《名家精注精评·刘禹锡集》《听涛斋雪泥鸿爪集》《中国古典诗词解读与鉴赏》《韩偓论稿》《名家精注精评·韩偓集》《杜牧诗传》以及《唐代文学百科辞典》中4万字，点校《九国志》《南汉书》《南汉书考异》《南汉纪》《南汉地理志》《南汉丛录》六部史籍，修订《新修增订注释全唐诗》第四册，此外还有138篇论文和学术文章发表。

五

从1979年我在高校从事古代文学研究与教学以来，读书和学术研究的环境和条件逐渐好起来了。为实现四个现代化、振兴中华而读书研究，成了知识分子的理想。我也就更发奋地在老北大传统精神的激励下，从事教学与文史研究。我个人的奋斗目标也很明确：成为一名出色的文史研究学者。四十五年来，就是在这种精神的激励下，我可谓孜孜向学，从不懈怠。

在20世纪90年代中期之前，我尤着力于文史资料的积累与甄辨考证，认为这是治学的最重要的基本根基，犹如傅璇琮先生所曾说的“历史研究的第一步，是应当先把事情的真相搞清楚的，这应当是不言自明的”。故其时我多有这方面的成果。后来我感到如果能把考证和论述结合起来，也就是说应用考辨的手段理清某些历史材料与事实，并用以论证辨清某些学术分歧或文学的、历史的问题，这样的考论相结合的治学路数，也是颇引人入胜的。以此之故，我在那时就有意朝这一方向努力。其成果集中体现在出版于2006年的《唐代文士与唐诗考论》《唐代文士的生活心态与文学》，以及2011年出版的《听涛斋中古文史论稿》三部书的不少文章中。

点校整理注释古籍工作的学术难度与分量，其实是并不在今日被人所矜夸的理论或泛论文化的文章之下的。对于古典文学的研究者来说，它其实是基本而且重要的。我从来不敢轻视这一文献整理研究工作，也曾试练过。尽管怀有此心，但也深深感到要做好早年就有心整理点校注释的杜牧《樊川文集》，还是心有余而力不足。我深知这一工作是需要较深广的学识，和长期的学术积累的。21世纪以来，我逐渐有意识地进行古籍的整理研究工作，遂有2008年底120万字的《杜牧集系年校注》在中华书局出版，以及2015年的《韩偓集系年校注》亦由中华书局出版。此外，将陆续出版的由我主编、与弟子们合撰的三十册《唐大诏令集系年校笺》，更是一次重要的古籍整理研究实践。

回首这些往事，感到尽管我对学术的贡献是微薄的，但值得欣慰的是，我确实对学术存有敬畏与奉献之心，尽力潜心于其中，从不敢懈怠轻忽。此犹如我写于2004年的《唐代文士与唐诗研究·自序》所言："余从周祖譔师治唐五代文史颇有年，其间既神往先贤陈寅恪、岑仲勉氏之绝学，复亲蒙座师缪钺、程千帆先生之教益，尚转益多师于林庚、陈贻焮、曹道衡、卞孝萱、傅璇琮、周勋初、郁贤皓、陈允吉等诸大家教席。质虽愚驽，既熏既陶，幸得微开心眼；性本不惰，且学且思，还能稍绍坠绪。沉潜三唐，于其时之典章制度、名流胜迹，乃至于人情文心，社会风气，时加揣摩研习。习染既久，多有会心留意。前贤往圣之謦欬，文人儒士之笑颦；何止声萦耳际，且已影入梦里。集会宴游之欢洽，每多联唱酬酢；贬谪隐逸之幽情，岂乏独吟嘘唏。至若名篇佳作，每能怡情悦目；高格远调，常令荡心快意。遂考索盛唐之风尚，探赜晚季之心迹。右丞工部，时为沉潜考论；致尧才江，亦颇探究追觅。谈承吉之傲诞狂荡，能睹处士之风概；论昌黎之畏祸忧谗，可窥文公之情意。杜、严'睚眦'之献疑，深知论人之不易；罗、韦行踪之甄辨，更悟探史之谨细。前贤辈出，中书君难于遍载；往事纷纶，管城子何能胜纪。有愧笔秃，难描儒士名流以翰墨；还恐謭陋，易滋舛误荒唐于败笔。雁灭鸿飞，茫茫天宇，前贤往圣何处觅？所可慰者，兹编尚可见其迹于万一。还如敝帚自珍，余廿年之殚精竭虑，旦暮治学之踪迹，虽犹历历之在目，然已转瞬成曩昔。唯片文只字，有如仅存之鸿爪雪泥，亦可赖此而不皆幻灭于冥冥之中矣！斯岂不足以自慰自惜也欤！”

魏曹丕云：“古之作者，寄身于翰墨，见意于篇籍，不假良史之辞，不托飞驰之势，而声名自传于后。”余不敢祈望“声名自传于后”，惟盼所作有益于世而已。余沉潜古代文史研究，亦已越四十五春秋。而今虽不必为稻粱谋而操觚染翰，然仍孜孜矻矻，惟祈务实求真，不作虚幻不实之文字。

近半个世纪的治学历程在忙碌中流逝，我教学之余的时间大都用于此，极少有操劳家务、和家人朋友促膝谈心，逍遥于山水海滩、公园茶肆的悠闲时光。每思及此，不免兴起愧疚、遗憾、感慨、感恩之情。我非纨绔子弟，父母和四个哥哥姐姐支撑起连我弟弟的八口之家。在家中，唯有我有机会在亲人们的支持下，完成了到研究生的学业，还有幸获得了博士生导师的头衔。说实在，比起无数同龄人来说，我还是颇为幸运的。以此之故，我深谙唯有砥砺自强，方能有所成以报答家与国。然而检点回顾起来，我之所成，到底于家于国有何裨益？真有四顾茫茫然，唯见秋风摇百草之慨！倒是我对家人实在怀着一份歉疚之情：内子吴玉娟，为我和家庭长期辛苦操持家务；我不能像许多家长一样，在儿子中小学读书的年代，有更多时间的辅导陪读督促，以至留给他我只是成天埋头于书堆、卡片中，伏案而书的回忆；我也不能有较多的时间和兄弟姐姐叙谈游乐，报答他们的相濡以沫与扶掖。每念及此，不由得歉疚心哀，不能自已。

年近八秩，自感百无一用是书生，体认到如今文章早非古人所矜称的“经国之大业，不朽之盛事”那回事。陆放翁《致仕后即事》诗云“八帙开来今过半，一杯引满若为辞”。有时也自感好笑，我如今对治学仍孜孜不倦，这到底为了啥？儿子吴嘉骐和儿媳瞿海燕总希望，我能多有清闲宽松的时光到室外散步游玩，看到我时常对着电脑和满桌的资料，大有废寝忘食、乐此不疲的样子，常心疼地劝道：“爸爸，休息一下吧，到外面散散步，锻炼锻炼吧！”每闻此语，我深感温馨。然而，读书治学对于我来说，已成为一种爱好、享受和主要的生活方式，我只能继续此旅程而已。行文至此，不禁回想前些天在清华大学出席“傅璇琮先生九十诞辰暨《傅璇琮文集》发布会”

之际，我在北大中文系主任杜晓勤教授的帮助和引领下，抽空进入北大校园，寻访学生时代之行迹；和在弟子们陪伴中，拜访我的老师们之情形。其时，真有“所遇无故物”和“知交半零落”之慨！此时，耳畔仿佛萦回着“长亭外，古道边，芳草碧连天。晚风拂柳笛声残，夕阳山外山。……天之涯，地之角，知交半零落。人生难得是欢聚，唯有别离多”之苍凉忧伤之歌曲。我深谙这就是“人生代代无穷已”之宿命，然而，我只能沿着宿命继续前行。

吴在庆
初稿于2023年4月12日
修改毕于2023年4月23日

（作者单位：厦门大学中文系）